Milagres Que só o Deus Eterno Sabe Fazer

Pastor Jonathan

Primeira edição – 2006

Capa:
Luiz Henrique - (16) 3911-7499
Marcelo Alt - (11) 9426-6624

Revisão Final:
Marta Mendes

Projeto Gráfico:
Alfa Bureau - (11) 3815-5033

Coordenação de Prod.:
J.Paulo Charbel

Impressão:
Associação Religiosa Imprensa da Fé
Rua Ferreira Viana, 828 São Paulo -SP

EDITORA VALE DA BÊNÇÃO

EDITORA VALE DA BÊNÇÃO
Rua Bom Pastor s/n – Vale da Benção
Araçariguama SP – CEP 18147-000
Fone: (11)4136-1447
editoravaledabencao@valedabencao.org.br

Textos bíblicos utilizados da NVI

Milagres de Deus
na vida e no ministério
da missionária Nazareth
duas décadas de trabalho
missionário na Bolívia

Índice

Deus em Primeiro Lugar

Será que Deus é a pessoa mais importante para mim e para você? Ou não? Existem outras pessoas que valorizamos mais? Será que passamos no teste de Jesus, quando Ele diz: *todo aquele que quer ser meu seguidor deve amar-Me bem mais do que ao seu pai, e mãe, esposa, filhos, irmãos ou irmãs – sim, mais do que a própria vida; caso contrário, não pode ser meu discípulo*? (Lucas 14.26 – A Bíblia Viva).

Isso significa buscar o Seu reino e a Sua justiça em primeiro lugar. Significa amar a Deus de todo o coração, de toda a alma, e com todas as forças. Deus em primeiro lugar. Deus como a nossa preocupação maior. Deus como o interesse mais acentuado em nosso ser. Deus, o nosso prazer, a nossa alegria, a nossa motivação.

Entretanto, na verdade a nossa vida tem outra direção. Nossa maior preocupação é como cuidar da nossa vida. Estamos tão ansiosos com o dinheiro, com a casa, com a comida, com a roupa, que sobra pouco espaço para Deus. E pouco tempo.

O Senhor Jesus nos diz que precisa ser de outro jeito, que primeiramente devemos nos relacionar com Deus da maneira correta. É necessário manter esse relacionamento como a nossa grande preocupação. Os cuidados com as outras coisas só terão espaço se Deus estiver ocupando o primeiro lugar em nossa vida. Ele ensinou que temos de fazer do nosso relacionamento com Ele a nossa preocupação primordial; precisamos deixar por último a preocupação com as demais coisas. Temos de concentrar-nos totalmente em Deus e mantermos o relacionamento com Ele em primeiro lugar. Essa deve ser a nossa grande preocupação; tudo o mais deve ser colocado em segundo lugar.

Isso se aplica totalmente ao assunto deste livro. Nossa intenção aqui não é nem de longe colocar a missionária Nazareth em uma posição na qual ela venha a receber o louvor e a honra que só a Deus pertencem. Ela é uma serva do Deus Altíssimo, a quem verdadeiramente pertencem *o louvor, a honra, a glória e o poder para todo o sempre* (Apocalipse 5.13).

E essa tem sido a minha preocupação no processo de produzir esta biografia. Tenho ouvido e registrado coisas tão maravilhosas e tão extraordinárias sobre esta irmã, que posso ser levado a ficar com o sentimento de que ela é, ela pode, ela faz. E posso, ao escrever, levar os meus leitores ao mesmo engano. Longe de mim tal coisa, ainda que não intencional!

É a Deus Pai, Deus Filho, e Deus Espírito Santo que queremos honrar. Ao registrar aqui tantos milagres, tantas realizações, uma fé acima do comum, uma vida de oração, de santidade, de renúncia, diferentes do que se vê em nosso dia-a-dia, o fazemos, primeiro para honrar o Deus da Nazareth, pois d'Ele vem a sabedoria e a força para realizar todas estas coisas. E, em segundo, para que haja grande motivação para todos nós, em gastarmos mais tempo em oração, em nos aplicar mais ao jejum, em ousarmos a confiar mais nas promessas que Deus nos faz em Sua Palavra, e para que renunciemos ao nosso próprio bem-estar para nos dedicar sacrificialmente aos mais abandonados deste mundo.

Desejamos que, como um presente de Deus, este livro sirva para despertar a muitos para a obra missionária.

E caso esses objetivos sejam alcançados, vou me sentir altamente recompensado por todo o esforço empregado na produção deste livro.

Juntos tributaremos ao Deus eterno o louvor que Lhe é devido, proclamando:

Grandes e maravilhosas são as tuas obras,
Senhor Deus todo-poderoso.
Justos e verdadeiros são os teus caminhos,
ó Rei das Nações.
Quem não te temerá, ó Senhor?
Quem não glorificará o teu nome?
Pois tu somente és santo.
Todas as nações virão à tua presença
e te adorarão, pois os teus atos de justiça
se tornaram manifestos.

(Apocalipse 15.3,4.)

Prefácio

Gostaria que você compreendesse a importância do livro que tem nas mãos, e que dedicasse muita atenção à sua leitura. Existem muitos leitores que não percebem o valor de uma obra biográfica como esta, que conta uma história de vida tão significativa. Há outros que lêem apenas porque, à primeira vista, pareça ser de um conteúdo mais ameno. Isso não deve ser assim. Leia-o com a mente aberta, porque a sua vida poderá ser profundamente transformada por ele.

Aquele que tem o hábito de passar os olhos rapidamente pelas genealogias na Bíblia, como as registradas por Mateus e Lucas, também não saberá tirar todo o proveito que este livro traz. Por isso, deixe-me falar um pouco do assunto e compartilhar as coisas interessantes que aqueles textos, tão pouco lidos, oferecem para alimentar o nosso espírito. Tenho certeza de que você terá uma nova visão sobre eles e ainda poderá aproveitar melhor este tesouro que o pastor Jonathan reuniu aqui para você.

Ao ver aquelas listas de nomes, muitas vezes não nos damos conta de que são informações preciosas, reunidas ao longo de mais de dois mil anos, guardadas a custo alto, durante guerras, cativeiro, destruições e perseguições terríveis. O que seria da nossa fé se não soubéssemos a história de homens como Abraão, Arão, Davi e tantos outros? É através da história deles, de suas experiências, que temos melhor compreensão de quem é Deus e de como devemos nos relacionar com Ele. Graças ao Senhor pelo povo de Israel, por sua compreensão de que a fé dependia disso e pelo cuidado com que guardou toda essa informação. Conhecer a história de seu povo fez com que a fé daquela nação permanecesse, e a nossa também.

As genealogias no mundo antigo, de modo geral, e em Israel especificamente, eram recursos moral, social e econômico de importância vital. A conduta, a honra, os feitos heróicos dos antepassados de um homem estabeleciam um padrão importante para o desenvolvimento do seu caráter. Conhecer a história daqueles que existiram antes também ajudava a compor a identidade de cada pessoa, fortalecendo a auto-estima e favorecendo a afetividade e os relacionamentos dentro da comunidade. Por fim, mas não menos importante, o conhecimento da genealogia definia a posição social, a credibilidade e a confiabilidade; não como a realização de um homem só, mas como uma herança a ser recebida, valorizada e transmitida de geração a geração. Produzia-se, assim, um sentimento de unidade e comunhão difícil de ser quebrado.

Mateus inicia a sua genealogia em Abraão e termina em Cristo. Sua intenção, não somente para a genealogia, mas para todo o livro, é mostrar que Jesus é o Ungido, o Messias esperado pelos Judeus, aquele cujo nascimento foi profetizado desde a queda do homem, o esperado durante séculos. Essa intenção se revela já no primeiro verso quando declara: *Registro da genealogia de Jesus Cristo, filho de Davi, filho de Abraão*. Lucas, de outro modo, quer mostrar aos estrangeiros que o Messias dos judeus é, na verdade, o salvador de todo o mundo; por isso, começa dele mesmo e traça sua genealogia até o próprio Deus de quem vem toda a humanidade. Portanto, ao conhecermos a história de Jesus até Abraão, sabemos que Ele é verdadeiramente o enviado de Deus. Ao sabermos que sua história como homem o liga desde os seus antepassados até chegar ao Pai, entendemos que Ele é o Salvador não só dos judeus, mas de toda a humanidade.

Entretanto, o aparente exclusivismo judaico de Mateus é contraposto à inusitada presença de mulheres e estrangeiros, revelando não apenas a amplitude do ministério do Messias, mas também o Seu poder libertador na história dos antepassados. Mateus age assim, preparando o leitor para receber a revelacão do nascimento virginal de Jesus. Ele faz questão de mostrar que mulheres, estrangeiros e pecadores, apesar de suas falhas, de serem rejeitados e desprezados, deram origem ao Salvador do mundo. Dessa maneira, Deus usa a história de homens e mulheres, que viveram antes de Jesus, para quebrar preconceitos e renovar as idéias de gerações que viriam depois.

Mateus organiza a genealogia de Jesus em três grupos de 14 nomes. Isso nos fala, primeiro, do nascimento de Cristo como um fato tão importante quanto o início do próprio povo judeu, com Abraão. Depois, do estabelecimento do reino eterno de Israel com Davi e a dor do exílio babilônico. Com Abraão Israel foi familiar, com Davi tornou-se nacional, com o exílio tornou-se internacional e com Jesus tornou-se global. Somente nos lembrando das pessoas que vieram antes de Jesus é que a Palavra de Deus nos transmite a dimensão do reino de Deus, a partir de Cristo.

Contudo o arranjo poético, idealizado para facilitar a lembrança dos nomes, nos lembra de Jesus como qualquer menino judeu, aprendendo quem era Ele, quem era seu povo, qual seu lugar na história, a partir da vida de cada antepassado Seu. A genealogia deveria ser repetida em muitos momentos importantes da vida de um judeu, e ele precisava saber, de cor, quem foram os familiares que vieram antes dele. Isso comunicava identidade, sentimento de pertencimento, fortalecia o caráter e orientava as ações. É difícil entender isso em uma época de tanto individualismo, em que as pessoas são conhecidas pelo primeiro nome, ou por um apelido ainda mais particular. Na época de Jesus não era assim. Um homem era conhecido por ser filho de quem era, por seu avô, bisavô e assim por diante, e esse era um fator de importância pessoal.

A ausência de muitos nomes no arranjo da genealogia de

Jesus, que Mateus apresenta, é algo que chama a atenção. Como no primeiro verso em que Jesus é apresentado como filho de Davi, e este, como filho de Abraão, assim também, ao prosseguir na genealogia, muitos dos Seus antepassados são apresentados como filhos de seus avós, bisavós ou tataravós. Esse resumo era necessário para simplificar e facilitar a memorização. Qual, então, seria o critério para incluir um nome ou deixá-lo de fora? Certamente os feitos, o modo como cada pessoa viveu e o exemplo de vida que podia oferecer a outros é que definia quem seria lembrado por milênios após, ou quem seria esquecido depois de duas ou três gerações.

É muito interessante perceber que não faltou inspiração divina aos escritores bíblicos no registro da genealogia e da história dos antepassados de Jesus. Essas informações foram decisivas para fortalecer a esperança das pessoas até a vinda do Messias e, desde então, são decisivas para a construção da nossa fé. Uma nação como a nossa, que ignora seus heróis, falha em ensinar a história, critica e destrói a memória dos brasileiros que a honraram com uma vida produtiva, não compreende o valor das genealogias. Mas o enfraquecimento psíquico e moral das pessoas em nosso tempo, as psicopatias, a falta de coragem e de sentido de honra, a depravação e a inconstância, podem ser facilmente ligadas a pessoas desconectadas da história, do povo, da família, individualizadas e, por isso mesmo, enfraquecidas.

E nós, os cristãos? Será que damos valor às genealogias? Há quem pense que não. Mas nós, que não éramos povo, agora somos. Fomos enxertados na oliveira, e nos tornamos filhos de Abraão, porque herdamos sua mesma fé através do novo nascimento em Cristo. Para nós, as Escrituras reservaram um tipo especial de genealogia, que é tão importante como era para os judeus. Trata-se da genealogia da fé, como descrita na carta aos Hebreus. Ali somos ligados por laços espirituais àqueles que creram antes de nós até Abel, e de Abel até Deus. O apóstolo Paulo também insistiu na importância da paternidade espiritual, e o conceito de família espiritual está fortemente enraizado nas páginas do Novo Testamento. Não podemos ignorar isso.

Então, depois de apresentar a nossa genealogia espiritual, o autor nos diz como devemos viver: *Portanto, também nós, uma vez que estamos rodeados por tão grande nuvem de testemunhas, livremo-nos de tudo o que nos atrapalha e do pecado que nos envolve, e corramos com perseverança a corrida que nos é proposta, tendo os olhos fitos em Jesus* (Hebreus 12.1). Nossos antepassados espirituais são aqueles que, pela fé, conquistaram reinos, praticaram a justiça, alcançaram o cumprimento de promessas, fecharam a boca de leões, apagaram o poder do fogo e escaparam do fio da espada; são aqueles que da fraqueza tiraram forças, tornaram-se poderosos na batalha e puseram em fuga exércitos estrangeiros. Uns foram torturados, outros enfrentaram zombarias e açoites, outros foram acorrentados e colocados em prisões, apedrejados, serrados ao meio, e se tornaram as testemunhas, ou mártires que, à nossa volta, formam a grande nuvem de testemunhas que nos inspira, motiva e anima, enquanto corremos nossa corrida espiritual.

Assim como a genealogia era importante para os judeus, igualmente a genealogia espiritual é para nós. Saber quem foram nossos parentes na fé e conhecer sua história, fortalece a nossa identidade como filhos de Deus. E não apenas isso, mas também molda nosso caráter, orienta nossas atitudes, nos estimula a perseverar e a insistir, a seguir o exemplo dos que foram antes de nós, e a servir de exemplo para aqueles que virão depois. É por isso que esse livro é tão importante. Ele é uma atualização do capítulo 11 de Hebreus; é o relato de mais uma geração em nossa genealogia espiritual.

Gostaria de explicar a você porque posso dizer isso com tanta segurança: tenho o grande privilégio de ser o pastor da Nazareth. Ela entregou sua vida a Jesus em uma vigília, para a qual fora por causa de um bolo de fubá. Essa vigília era uma reunião do grupo familiar que originou, naqueles meses, a nossa igreja. Pode-se dizer que aquela igreja nasceu junto com a Nazareth, e que cresceram juntas. Naquela época eu era um jovem seminarista, convidado para liderar a área de ensino da igreja. Lembro-me de cada culto e vigília de que participei na casa da Nazareth. Todavia nem preciso sentir saudades, porque o sentimento de orar com ela hoje é o mesmo de vinte anos atrás. Ela persevera no mesmo amor e na mesma fé.

Anos depois, assumi a presidência da igreja e continuamos firmes, cooperando com a Nazareth e ela conosco. Andando juntos, observei uma característica marcante em sua vida: quem convive com ela logo se torna seu parente. Meus filhos a chamam de vó, e sentem por ela o mesmo carinho e o mesmo cuidado que sentem por minha mãe ou sentiam pela mãe de minha esposa. Vários membros de nossa igreja a consideram mãe, porque ela os ganhou para Cristo, ou exerceu grande influência no seu crescimento espiritual. Para minha esposa e para mim ela é como uma irmã e, embora eu esteja na fé há mais tempo do que ela, confesso que a admiro como a uma irmã maior, que me serve de modelo e a quem eu quero imitar. Ela faz parte de nossa genealogia espiritual. Seu exemplo nos serve de modelo, nos inspira e revigora.

Pegar homens e mulheres perdidos e incluí-los na família espiritual é algo que só o Deus eterno sabe fazer! Ele torna Seu povo a quem antes não era. Desafio você a ler esse livro como quem lê a história de um parente. Conheça a vida dessa sua irmã em Cristo, chamada Nazareth, e deixe que a história dela inspire e fortaleça sua identidade cristã, sua comunhão com a família da fé, seu caráter e suas realizações. Este livro conta a história da sua família. Dê a ele o devido valor. Beneficie-se conhecendo a história da Nazareth, da mesma forma que minha igreja, minha família e eu temos nos beneficiado.

Além disso, há o autor deste livro. Que direi do pastor Jonathan Santos? É outro parente nunca esquecido em nossa genealogia espiritual. Entretanto, falar disso daria outro livro. Vamos por etapas; agora é hora de conhecer sua irmã, a filha amada do Pai celestial: Maria Nazarethth.

Pr. José Bernardo
Pastor titular da Igreja Batista Jerusalém,
em Santo André, SP e presidente da
missão AMME Evangelizar.

Introdução

Este livro foi escrito com dois propósitos bem definidos. Primeiro, estimular os crentes em Jesus a orarem mais e com maior intensidade. Segundo, despertar homens e mulheres para a obra missionária.

Milagres que Só o Deus Eterno Sabe Fazer é o relato da experiência vivida por uma mulher mundana e completamente distanciada dos caminhos de Deus mas que, ao ter um encontro pessoal com Jesus, é tocada em seu íntimo pelo poder de Deus. E como conseqüência disso, é transformada de forma tão extraordinária que se torna irreconhecível até mesmo pelos seus amigos que, à semelhança dela, viviam acorrentados ao pecado.

Seu nome é Maria Nazareth, ungida por Deus, hoje com setenta anos e bastante forte e disposta. Ela continua trabalhando intensamente na obra do Senhor, na cidade de Sucre, na Bolívia.

Em sua família, quem se converteu primeiro ao Senhor Jesus foi sua filha, Maria de Lourdes, ou Lurdinha, como sempre foi chamada por sua mãe. Quando ela tinha quinze anos, ganhou o concurso "Rainha do Café", em Santo André, SP e, por pouco, não ganha como "Rainha Nacional do Café", no concurso realizado na cidade de São Paulo. A partir daí, as portas foram se abrindo e ela chegou a ser modelo. E desde então, passou a chamar-se Malu.

Como sua mãe, Malu tinha uma vida para lá de mundana. Negra, alta, bonita, atraente, inteligente, de uma simpatia contagiante, foi uma modelo muito badalada. As constantes viagens pelo Brasil e para o exterior, mais o dinheiro fácil, fizeram dela uma presa cativa do inferno. Contudo, em meio a uma batalha espiritual, em que sua filha recém-nascida estava entre a vida e a morte, foi levada a uma reunião de oração, onde teve uma conversão imediata e profunda. Transformada, começou uma batalha de oração intensa em favor de sua mãe, que veio a se converter pouco tempo depois.

Aquele era um tempo de avivamento. Mãe e filha participavam de um grupo que se dedicava intensamente à oração, e quase imediatamente começaram a testemunhar e a orar por outras pessoas. Como resultado disso, colheram muitos frutos para o Reino de Deus.

Algum tempo depois, Nazareth foi desafiada a ir para a Bolívia, como mãe de algumas jovens missionárias solteiras, para cuidar da casa e apoiar estas missionárias no campo missionário. Ela aceitou o desafio e, pouco depois de chegar à Bolívia, revelou-se uma missionária valorosa. Há duas décadas está nesse país, trabalhando na cidade de Sucre, no altiplano boliviano. Muitas vidas têm sido salvas, libertas e curadas como resultado do seu trabalho. Milagres maravilhosos têm acontecido.

Durante todos esses anos tenho tido o privilégio de conviver com a Nazareth. Por isso, cheguei à conclusão que sua história poderia despertar muitos para uma vida de oração mais eficaz, bem como despertar obreiros para os campos missionários.

Durante a confecção deste livro, passei longas horas com a Nazareth, e fui muito edificado. São fatos tão extraordinários acontecidos em sua vida e ministério que, enquanto leio e releio os relatos, fica difícil conter as lágrimas.

Em um telefonema para a filha Malu, casada com o Rudolf, missionários na Alemanha, perguntei-lhe qual seria o nome deste livro. Ao que ela respondeu:

– *Ah! Penso que poderia ser* "Coisas que Só o Deus Eterno Sabe Fazer".

Depois disso não consegui mais pensar em outro título. Afinal, este livro relata muitos milagres do céu. Por isso, o título do livro será mesmo *Milagres que Só o Deus Eterno Sabe Fazer.* Espero que, ao lê-lo, você seja profundamente tocado com o poder do Todo-poderoso, e seja inspirado a amá-Lo, a se gastar por Ele, e a fazer a Sua vontade em tudo, custe o que custar.

Capítulo 1

Uma Figura Singular

Essa missionária exigente, líder nata, alegre, tem uma personalidade marcante; onde quer que esteja, é quase impossível não ser notada. Ela é uma pessoa totalmente espontânea e parece não conhecer limites. Suas reações são rápidas e diretas. Às vezes chega até mesmo a ser rude no seu trato com outras pessoas.

Nazareth se dedica com todo o seu ser, e com todas as suas energias, àquilo que entende ser o que o Senhor a mandou fazer. Às vezes a sua consagração à obra de Deus tem chegado ao sacrifício. Não tem hora, lugar, dificuldade, falta de cooperação de outros, falta de recursos, ou qualquer barreira que a impeça de fazer o que sabe que Deus quer que ela faça para Ele.

Ela se preocupa ao extremo em só fazer o que Deus manda e busca com intensidade a vontade de Deus. Empenha-se por saber o que o seu Senhor quer dela; e caso não tenha convicção de que seja Ele quem a está dirigindo em determinada direção, com certeza não continuará caminhando. Ela vai parar e esperar até saber o que o Pai quer que ela faça, e irá em busca de sinais de que é Deus mesmo quem está mandando.

Ela ama as pessoas até às últimas conseqüências, e todos sentem o seu amor e sempre a procuram. A missionária Nazareth se doa completamente aos outros, sacrificando o sono, o descanso, o lazer, o interesse próprio, para atender àqueles que a procuram com uma necessidade. Às vezes é alguém que precisa de uma oração ou de um conselho. Outras vezes é uma pessoa precisando de um ombro para chorar. Independentemente de qual seja a carência, ali está ela, sempre disposta, incansável, atendendo a todos, e fazendo o melhor que pode para que sejam tocados com o amor e o poder do Senhor, que flui através dessa mulher de Deus para os necessitados.

A irmã Nazareth se dá bem entre os ricos, mas se dedica em extremo aos pobres, e não tem dificuldade em conviver com eles nas situações mais precárias que se possa imaginar. Quando ela foi trabalhar em Tarabuco, uma vila de campesinos, muito pobre, na região rural de Sucre, a única casa que podia hospedá-la era a de uma família que só tinha um cômodo e uma pequena cozinha. Era nesse cômodo que dormiam todos os membros da família. O único lugar que havia para ela dormir era a pequena cozinha. E não havia colchão. Dois bancos de madeira, rústicos, serviam de suporte para duas tábuas que funcionavam como o estrado de uma cama. O colchão era um couro de carneiro com lã. A comida era batata; no café da manhã, no almoço e no jantar.

Algum tempo depois, uma outra família lhe ofereceu um lugar melhor – um quarto onde guardavam o que colhiam na roça. Ela estendia o seu pequeno colchão em um canto do cômodo, e ali passava as noites. Em ambas as casas não havia banheiro, nem nada que pudesse ser usado como banheiro. O banheiro era o mato; ou melhor, o campo. Não havia árvores, e nem mesmo uma vegetação baixa onde se esconder.

A idéia que sempre tive é que a Nazareth não tem medo de nada, nem de ninguém. Invejo sua coragem para enfrentar situações adversas, que podem fazer recuar até mesmo as pessoas mais fortes. Ela vai em frente. É capaz de enfrentar situações e pessoas que parecem muito mais potentes do que ela. Acredito que se cumpre nela o que está escrito dos heróis da fé, em Hebreus 11.33 e 34: *Os quais pela fé conquistaram reinos, praticaram a justiça, alcançaram o cumprimento de promessas, fecharam a boca de leões, apagaram o poder do fogo e escaparam do fio da espada; da fraqueza tiraram força, tornaram-se poderosos na batalha e puseram em fuga exércitos estrangeiros.*

Fico impressionado com o absoluto desprezo com que Nazareth trata o Diabo e os demônios. Ela tem facilidade como poucos para expulsar demônios e libertar pessoas oprimidas. E tem unção do Alto para fazer isso.

Ela tem um amor profundo por Jesus. Trata o Senhor com respeito reverente, mas se tem uma promessa Sua, seja na Palavra, ou por revelação ou visão, cobra a concretização do prometido de uma maneira tão forte, que é difícil encontrar outra pessoa com comportamento semelhante. Quando trabalhava no presídio de Sucre, o delegado foi substituído, e o novo não quis deixá-la continuar a fazer os cultos na cadeia. Então ela foi direta com Jesus. *Senhor, entendo que estou fazendo este trabalho porque o Senhor mandou. Se o Senhor quer que eu pare este trabalho, vou parar. Mas se o Senhor quer que eu continue, tira esse homem daí.*

Poucos dias depois, o delegado foi esfaqueado várias vezes por um detento, e morreu na hora. Ela diz que se arrependeu de ter sido tão direta com Deus.

Nazareth é uma pessoa extremamente exigente com tudo e com todos. Às vezes é brava, e pode se irritar bastante com qualquer um. Fala com toda a franqueza, revelando grande insatisfação, e elevando o tom da voz. Um senhor que trabalha com ela desde o início do PRADOS, diz que quando as pessoas estão conversando com ela, especialmente em seu escritório, e ela puxa os óculos um pouco para a frente, por cima do nariz, e fixa o olhar na pessoa, faz tremer até os homens mais fortes. Contudo, essas mesmas pessoas continuam amando-a de todo o coração.

Trabalhando no presídio, e também com os viciados em drogas no PRADOS, muitas vezes tem que falar com a polícia e outras autoridades. A sua firmeza nessas ocasiões revela quão forte é essa mulher.

Busquei uma explicação para o que parece antagônico. Por que estas pessoas continuam sendo tão amigas dela? Na verdade, homens e mulheres a amam de todo o coração. Parece-me que é porque percebem nela um caráter firme, que expressa justiça, honestidade, santidade, tudo misturado com muito amor e compaixão. Sua franqueza quase rude é percebida como reações sem qualquer maldade, e as pessoas entendem que ela fica brava porque as ama e quer o melhor para elas.

Já ouvi que algumas pessoas pensam que ela não tem pecado. Provavelmente, se fosse uma beata católica, seria canonizada, levando em conta os milagres que Deus tem feito por seu intermédio. Por volta de 1986, quando trabalhava nos finais de semana em Tarabuco, às sextas-feiras ela viajava para aquela região. Como não havia ônibus, o transporte era de caminhão. A carroceria ia repleta de campesinos, com suas compras e alguns animais. Nazareth ia no meio deles. Depois de duas ou três viagens, descobriu que se pagasse um pouco mais, poderia ir na cabine. Certa sexta-feira ela estava viajando na cabine do caminhão e entre ela e o motorista estava uma jovem. A estrada era muito perigosa, pois era toda na região montanhosa. Em alguns pontos ficava extremamente estreita, pois era escavada na encosta da montanha, e do lado ficava um precipício.

Em um desses lugares, o motorista fez uma manobra errada, o caminhão resvalou e, por pouco, não tomba. As rodas do lado direito ficaram penduradas no precipício e o caminhão começou a balançar. Somente as rodas da esquerda estavam na estrada, no barranco. Segundo ela, quando percebeu o caminhão começando a ficar desgovernado, começou a gritar pelo nome de Jesus, pedindo que Ele segurasse o caminhão. Quando os homens começaram a saltar da carroceria, o caminhão começou a balançar perigosamente, prestes a cair no precipício. Como Nazareth estava na janela da direita, via o precipício lá em baixo. Percebeu que não poderia escapar, pois teria de esperar o motorista sair, depois a jovem e, só então, teria condições de escapar, passando por cima da alavanca do câmbio, e pelo estreito espaço existente entre o banco do motorista e o volante. Quando conseguiu descer, viu que os campesinos que foram saltando da carroceria, estavam segurando o caminhão, esforçando-se para puxá-lo para a estrada. Finalmente conseguiram, não sem muito trabalho e esforço. Quando o caminhão e as mercadorias estavam a salvo, os passageiros estavam tão agitados, tão nervosos, e com tanta raiva, que avançaram sobre o motorista para matá-lo. Ao perceber o que estava prestes a acontecer, Nazareth deu um grito muito forte:

– *Parem!* E repetiu mais duas ou três vezes, até que eles se contiveram.

Então tornou a gritar:

– *Quem fala castelhano*?

Ela não sabia quase nada da língua quéchua, e o quase nada que sabia não lhe vinha à mente, por causa do susto e da confusão. Então um jovem se apresentou e, com a ajuda dele, ela continuou gritando com eles:

– Alguém morreu? Não. Ninguém morreu. Estão todos aqui. Suas mercadorias estão salvas. Então por que vocês querem matar o motorista? Ele não tem culpa. Subam todos no caminhão e vamos seguir viagem.

Todos aqueles homens foram abaixando a cabeça e, um a um, em silêncio, foi subindo na carroceria. E a viagem seguiu para o seu destino.

Essa é a Nazareth!

Capítulo 2

Moldada na Pobreza e no Sofrimento

A pobreza e o sofrimento podem acabar com o ser humano. Muitos homens e mulheres têm ido tão fundo na experiência do sofrimento, e por tanto tempo, que se tornaram pessoas amarguradas, sem força interior, sem alvos, e sem qualquer vontade de vencer. Podem se arrastar assim pelo resto da vida. Sem alegria interior, sem brilho no espírito, na alma, nos olhos, estão satisfeitos com o mínimo para sobreviver.

É fato que o mesmo sol que faz o barro endurecer, amolece a cera. O sol é o mesmo, mas os seus raios fortes produzem efeito completamente diverso no barro e na cera. Qual a explicação? A diferença está na consistência de um e de outro. Os raios solares são os mesmos, mas as moléculas que compõem o barro são diferentes das moléculas que compõem a cera. As moléculas do barro reagem ao calor endurecendo. As moléculas da cera reagem ao calor derretendo.

E como isso é verdade com relação ao ser humano! O sofrimento que faz uns se tornarem endurecidos, abranda a outros. Uns se desesperam e até morrem interiormente, ficando com a alma sem vida. Outros tiram forças da fraqueza, conseguem levantar a cabeça, olham para cima e para a frente, e continuam sua caminhada com o desejo redobrado de escaparem da pobreza e do sofrimento. Esses se tornam mais do que vencedores.

Foi isso o que a pobreza e o sofrimento fizeram com a Nazareth. Descendente de negros, sua história pode ser traçada desde os tempos da escravatura. Ela nasceu em 1935, e era a caçula de D. Benedita Dias, nascida por volta do ano de 1900. Sua avó nasceu por volta de 1875 e a escravatura foi abolida em 1888. Portanto, sua mãe nasceu e viveu sua infância e adolescência em meio à influência negativa da escravidão. Dizem que tirar uma pessoa da escravidão é mais fácil do que tirar as marcas que a escravidão deixa na mente, na alma, no espírito e nas emoções daquele que foi escravo.

Sua família era de Cajuru, interior do Estado de São Paulo, na região de Ribeirão Preto, e foi ali que a Nazareth nasceu e viveu até a sua juventude.

Faltou-lhe a figura do pai. Sua mãe teve três maridos, em diferentes períodos. Pode até ser que ela seja filha de um outro homem, um certo turco (como habitualmente era chamado alguém de origem libanesa, ou síria, ou de um outro país árabe). Ela se lembra que essa pessoa demonstrava muito interesse por ela, e foi ele quem a registrou no cartório. A mãe Benedita deu a ele o nome da menina escrito em um papel. Pelo fato de Nazareth ter nascido no dia de Santo Inácio de Loyola, sua mãe resolveu que ela se chamaria Inácia de Loyola. Entretanto, lá no cartório, na hora de dar o nome, ele procurou o papel em seus bolsos e não o encontrou. Tentou lembrar-se, mas foi em vão. Acabou chegando em Maria de Nazareth. Assim, seu nome ficou Maria Nazareth.

A falta do pai, de recursos financeiros, a falta de tudo, fez com que sua mãe tivesse de trabalhar muito para dar às filhas o mínimo necessário para viver. Assim, com seus dez, onze, doze anos e muito magrinha como ela mesma se lembra, passou a acompanhar a mãe ao emprego. D. Benedita era cozinheira de um hospital dirigido por freiras. Nazareth levantava-se de madrugada para ir com a mãe, e lá ficava o dia todo.

Um dia, quando tinha somente quatorze anos e era ainda

muito magra, sua mãe pediu que ela levasse um pedaço da carne do porco que haviam abatido, para outra família negra, cuja mãe se tornara alcoólatra. Quando entrou na casa, encontrou aquela senhora completamente embriagada, dormindo. Já estava de saída quando um rapaz, membro daquela família a agarrou e, sendo muito mais forte do que ela, a forçou a ter relação sexual com ele.

Naquela época, as garotas de sua idade sabiam muito pouco sobre esses "assuntos de mulheres". E ela era das mais ingênuas. Assim, ficou grávida e nem percebeu. Somente alguns meses depois, em meio a uma crise aguda de nevralgia nos dentes, que a fazia gritar de dor, e que nem o dentista e nem o médico puderam fazer nada, foi que ficou sabendo. Sua cunhada veio conversar com ela e, aos poucos, percebeu o que estava acontecendo com ela: estava grávida.

Pouco a pouco a dor foi passando. E pouco a pouco também ela foi se conscientizando de que seria mãe. O rapaz que a engravidara queria muito se casar com ela. Entretanto, sendo ainda quase uma menina, não aceitava de jeito nenhum o conselho da mãe e das amigas para que se casasse e, assim, pudesse dar um pai ao filho ou filha que estava esperando. Finalmente, mas com muito ódio, aceitou ir ao cartório e se casar. Foi também à Igreja Católica, para receber a bênção do padre.

E novamente a pobreza se mostrou tristemente cruel. O noivo, que não trabalhava e não tinha qualquer recurso, não tomou nenhuma providência; nem mesmo para adquirir uma cama para o casal. Foi um parente que, na última hora, conseguiu comprar a cama e o colchão. Era um triste quadro de pobreza misturado com ódio e sofrimento. E isso nos leva a nos perguntar: *Por que algumas pessoas têm que percorrer caminhos de tanta dor e miséria? Para que serve o sofrimento? Há qualquer vantagem em se passar por situações tão duras como essas?*

E os anos que se seguiram não foram diferentes. O marido indolente não melhorou com o casamento. Não tinha a menor vontade de trabalhar. Continuavam muito pobres. Nem mesmo o nascimento da filha mudou o seu comportamento. Ela separou-se dele, mas a insistência do marido para que voltassem a viver juntos a fez aceitá-lo de volta. E, como conseqüência, uma segunda gravidez, agravando ainda mais a situação desesperadora da jovem Nazareth. Quando essa segunda filha tinha um ano de idade, veio a falecer. Apesar de ainda ser uma menina-moça, tinha muita garra para continuar lutando e, mesmo com toda a dificuldade, conseguiu que pelo menos a outra filha sobrevivesse.

Por ser uma moça com traços fortes de inteligência e muita vontade de progredir, contava com o apoio dos parentes e amigos. As freiras, que dirigiam o hospital e trabalhavam ali, gostavam muito dela. Nazareth já as ajudava nos pequenos serviços desde menina. Naqueles anos desenvolveu-se uma amizade de muito forte entre ela e as freiras, que desejavam fazer dela uma freira.

Certa ocasião, ela começou a trabalhar com as enfermeiras, que a ensinaram a aplicar injeção. Inicialmente começou treinando nas laranjas, até que chegou a sua oportunidade de aplicar sua primeira injeção em um ser humano. Tratava-se de um homem que estava à beira da morte. A freira disse à Nazareth que era a sua oportunidade de ir lá e aplicar uma injeção nele; e ela o fez. Até hoje ela ri gostosamente quando conta este ato de coragem, lembrando como o paciente, inconsciente e com a boca aberta, roncava muito. Pronto; estava preparada para aplicar injeção em outros seres humanos. E isso é, até hoje, algo que ela faz muito bem.

Assim, aquela moça pobre foi assumindo a função de enfermeira no hospital, onde trabalhou por sete anos. Aprendeu fazendo. Pobres cobaias! Ela era suficientemente corajosa para enfrentar as situações mais difíceis que chegavam ao hospital. Inteligente como era, aprendia rápido, e acabava fazendo melhor do que os outros, o que nos anos seguintes lhe trouxe problemas no relacionamento com colegas de trabalho. Aprendia mais rápido que os outros e produzia muito mais do que todos eles. Era sempre uma recordista de produção.

Certamente era um vaso escolhido que estava saindo do barro; um vaso quebrado, feio, desprezado. Contudo havia no seu interior tanta inteligência, tanta energia, tanta capacidade, que a pobreza e o sofrimento, em vez de arruinar completamente aquele vaso, só fazia com que essa jovem fosse desenvolvendo um desejo cada vez maior de prosperar, de vencer, de conquistar. E foi exatamente isso o que aconteceu quando resolveu mudar-se da pequena cidade do interior para a metrópole. Nazareth foi parar em São Caetano do Sul, SP.

Ah! mas como foram difíceis aqueles primeiros anos! Ela só não foi destruída imediatamente porque em sua alma havia a resistência do ferro. Tendo deixado a mãe e a filha para trás, uma criança que dependia muito dela, precisava arranjar urgentemente uma casa e um emprego, para ir buscá-las. Preocupada em não permitir que se repetissem dramas com homens, que lhe trouxessem mais dificuldades, foi trabalhar em uma casa de família. Todavia, para conseguir esse emprego, omitiu o fato de que não sabia cozinhar, nem lavar roupa, nem limpar casa. Na verdade, era tudo novo para ela.

Já no primeiro dia no novo emprego, sua primeira tarefa foi lavar roupa. Havia uma montanha de roupas esperando por alguém que a transpusesse. E a pobre jovem começou a lavar as camisas, esfregando uma a uma, punhos, colarinhos, mangas... usando apenas as mãos. E tudo isso com aquele sabão em pedra do passado, com bastante soda. Ali não havia máquina de lavar roupa. Não tinha como esfregar tantas roupas assim, apenas com as mãos, sem antes tê-las deixado um tempo de molho. E também não dava para esfregar tudo com a mão. O problema é que ninguém lhe falou que havia uma escova para isso; e ela não sabia. Só via a montanha de roupa a ser desbastada. Que dia aquele! E que noite! Ao anoitecer, seus dedos já estavam inchados. Não conseguiu dormir naquela noite e, na manhã seguinte, não conseguia levantar-se. A patroa veio bater-lhe à porta e, ao entrar no pequeno quarto de empregada, viu as mãos e os dedos daquela moreninha muito feridos e inchados. Então lembrou-se de que, no dia anterior, aquela jovem tinha se mostrado muito corajosa diante do montão de roupas sujas.

Seja por já ter percebido tanta força de vontade na jovem recém contratada, seja porque precisava muito de uma pessoa para cuidar da casa, ou, quem sabe, mais provavelmente pela providência do céu que seguia esta jovem desde o seu nascimento, conduzindo-a por caminhos que a levariam a ser um vaso de honra. Aquela rica senhora a tratou com brandura, passou creme em suas mãos, cuidou dela até que se restabelecesse e, então, começou a ensinar-lhe a arte de ser uma dona de casa. Tudo o que ela não aprendeu na infância, na adolescência e no começo de sua juventude sobre cuidar de uma casa, estava aprendendo agora com essa senhora judia.

Aquela era uma família judia que, em casa, falava *idish*. E as filhas, que logo se afeiçoaram à jovem morena, simpática e dinâmica, passaram a lhe ensinar aquele novo idioma. Os pais não sabiam que a empregada já sabia um bocado da língua; por isso, na sua presença, tratavam de assuntos que, por certo, não queriam que estranhos escutassem. Certo dia algumas coisas de valor foram perdidas, ou roubadas. Durante o almoço, o casal estava conversando sobre o assunto, até que o marido, exaltado, disse: *Vai ver que foi essa empregada quem roubou*. Ela, tomada de ira, lhes respondeu em Idish: *Não senhor, não sou ladra, não roubei coisa nenhuma*. Eles, envergonhados, e sem saber o que fazer, tiveram de pedir desculpas. Isso, sem dúvida, fez com que passassem a respeitá-la mais. E nem é preciso dizer que nunca mais conversaram em *idish* sobre assuntos particulares em sua presença.

Aqueles quase três anos foram de relativa paz. A mãe e a filha mais velha moravam com ela. A caçula havia morrido ao completar um ano. Por fim, a vida estava tomando o seu rumo. Havia mais oportunidade de trabalho e de crescimento na cidade grande. Então, essa jovem morena, inteligente e dinâmica, depois de um trato que fez realçar a sua beleza natural, resolveu que deveria tentar outro emprego, para poder ganhar mais. Assim, foi trabalhar em uma pastelaria. Esse emprego, entretanto, durou pouco, e ela acabou ficando desempregada.

Logo em seguida aconteceu o inusitado. O esposo de sua prima estava desempregado e bebendo muito. A tia da Nazareth já havia tentado ajudá-lo de todas as formas, e nada! O que fazer? Bem, é preciso lembrar que estamos falando de uma família de descendência africana, e que é quase impossível não voltar às raízes nos tempos de crise. Era quase fatal pensarem que a solução seria buscar a ajuda de um feiticeiro; às vezes chamado de benzedor ou benzedeira e que, geralmente, é alguém que mexe com poderes mais fortes, os espíritos, os xangôs. Mas, quem iria procurar o feiticeiro? Nem é preciso pensar muito, não é verdade? Quem, a não ser a corajosa, destemida, voluntariosa, e já um bocado impaciente, Maria Nazareth? E lá foi ela para Ribeirão Pires, procurar o tal feiticeiro.

Em um trecho em que deveria seguir a pé, veio de repente uma forte chuva, que foi aumentando, aumentando, até que ela teve de procurar um abrigo, e acabou se abrigando debaixo de uma marquise. Ela não tinha a menor idéia de quem era aquela casa. A chuva aumentou, e o vento também, e isso a obrigou a empurrar a porta, que se abriu. Lá dentro havia algumas pessoas trabalhando. Um homem levantou-se e veio ao seu encontro, dizendo com ares de nervoso:

– *Isto é hora de procurar emprego?*

Ao que ela respondeu, voluntariosa como era:

– Ora, cada um procura emprego na hora que pode!

– Bom, então, sente-se.

Em seguida o homem saiu e foi chamar uma outra senhora para preencher a sua ficha. Eram três horas da tarde e, meia hora depois, ela estava empregada. Depois foi conduzida para um outro cômodo, onde havia várias jovens trabalhando. O serviço era simples: aquela empresa produzia componentes eletrônicos para várias indústrias. Naquele dia estavam montando uma pequena peça, na qual tinham de colocar dois ou três dispositivos de controle. Alguém foi logo chamado para ensinar Nazareth o que fazer, e ela aprendeu muito rápido. Às quatro horas da tarde já estava produzindo. O problema é que produziu demais e, duas horas depois, já havia produzido oitocentas peças. Mal sabia ela que isso foi considerado o cúmulo da traição pelas outras funcionárias! Afinal, elas trabalhavam o dia inteiro para produzir cerca de mil e quinhentas peças.

Quando a encarregada veio conferir o serviço e viu que ela havia produzido oitocentas peças em pouco tempo, ficou furiosa. Nazareth não estava compreendendo porque estavam tão nervosos com ela. Afinal de contas ela só havia feito o que havia aprendido duas horas antes, e havia trabalhado rápido. Aos poucos percebeu, pelas palavras da encarregada, que as outras moças tinham ficado em uma situação desfavorável. E, igualmente, a encarregada. Por sua vez, o rapaz que periodicamente fazia a cronometragem da produção estava em situação ainda pior diante do seu chefe. Todavia, ninguém havia avisado à nova funcionária que era proibido trabalhar tão rápido! Provavelmente porque nem desconfiaram do vulcão que era aquela jovem senhora recém-contratada.

Não demorou muito para que Nazareth recebesse a primeira promoção. E cada promoção trazia um pouco mais de recursos financeiros, tão necessários àquela família que precisava ser mantida por ela. Aos poucos foi sendo colocada em posições de liderança naquela empresa. E ela também estava buscando espaço para crescer, e estava crescendo. Tornou-se muito querida dos proprietários, administradores e colegas de fábrica. Chegou a ser a pessoa que promovia as festas e outras atividades que ajudavam a manter um ambiente de cordialidade entre toda aquela gente.

A vida havia melhorado muito: tinha a sua própria casa, o seu carro e ainda uma kombi com a qual transportava os colegas do seu bairro para a fábrica, o que aumentava os recursos da família. Ela também tinha um bom plano de saúde, o que ajudava muito. Eram muitas as regalias conquistadas naqueles anos marcados por muito trabalho, mas também por evidente progresso.

Progresso esse que ajudou muito na criação da sua filha. Sim, aquela filha que tivera com aquele jovem que a forçara a ter relação com ele, e com quem teve de casar-se, contra a sua vontade. Esse bebê, que recebeu o nome de Maria de Lourdes, Lurdinha ou Malu, agora era uma jovem alta, esbelta e muito bonita; Malu fora muito bem cuidada pela Nazareth. Ela estudou e, como a mãe, também era uma pessoa muito inteligente, capaz, atraente, simpática e que conquistava a todos.

Malu tornou-se uma modelo muito badalada, participou de grandes apresentações, viajou para os Estados Unidos, Europa, e conquistou muitas outras coisas. E isso tudo em um tempo em que não era nada fácil uma moça negra vencer na vida. Contudo, Malu conseguiu. Por trás estava sempre a sua mãe apoiando-a e ajudando-a de todas as formas possíveis.

Quais seriam os planos da divina Providência para a vida

dessa jovem tão fora do comum? O que o Senhor fará para levar essa modelo exuberante a se curvar diante de Jesus, a ouvir a voz do Espírito Santo, e a deixar tudo para servir ao Mestre? E o que Ele fará para levar a mãe voluntariosa a ser uma ministra do evangelho?

Coisas que só Deus pode fazer, como um dia a Malu me disse, ao relembrar esses acontecimentos. Sim, coisas que só Deus pode fazer. Verdadeiramente *Deus é capaz de fazer infinitamente mais do que tudo o que pedimos ou pensamos, de acordo com o seu poder que atua em nós* (Efésios 3.20).

Essas duas mulheres tiveram que passar por outros caminhos, alguns cheios de luzes, fama, dinheiro fácil e muito mundanismo. Caminhos que provocam aquela insatisfação interior, aquela inquietação espiritual, aquele vazio na alma. Mas Deus é poderoso e no Seu poder Ele fez coisas grandiosas nessas duas vidas

Capítulo 3

A Reviravolta

Mesmo que Malu tivesse tudo o que queria, ou quase tudo, o vazio em seu interior fazia com que ela buscasse desesperadamente a paz interior. Por isso, procurou a resposta em tudo o que parecia satisfazer seu coração vazio. Ela sempre voltava à sua mãe para dizer que agora havia encontrado. Contudo, logo vinha uma nova frustração e o vazio interior continuava. Vazio este que nem o dinheiro, nem as festas, nem a fama, absolutamente nada, conseguiam aplacar. Assim foi do Seicho-No-Iê para a Igreja Messiânica e, dali, para outra, e outra, e outra. Tanto ela ia, como também levava sua mãe.

E como não encontrasse a verdadeira paz, o caminho certo, a comunhão com o Deus verdadeiro, se envolvia cada vez mais com o mundo. Posou nua para a revista *Play Boy* e outras publicações. Levava uma vida desregrada e veio a ser amante de um rico e famoso empresário em São Paulo.

Um dia trouxe à sua mãe uma notícia que a assustou bastante. Ela e o seu companheiro resolveram ter um filho. A mãe procurou dissuadi-la, mas, com a insistência da filha, acabou cedendo, e não demorou muito para anunciar que estava grávida.

Paralelamente a isso, o Senhor estava trabalhando para que aquelas duas mulheres, tão preciosas, fossem atraídas pelo Seu amor. Um casal de servos de Deus, sem saber da existência das duas, mas sob divina influência, foi levado a procurar casa na área onde elas residiam. Eles não sabiam ainda porque deviam morar ali, mas estavam obedecendo a um impulso interior. Encontraram a casa e se mudaram. Tão logo vieram morar ali, sem estar muito certos porque estavam fazendo aquilo, começaram a inquietar-se com as vizinhas da casa do outro lado da rua, bem em frente da casa deles. Puseram-se a interceder pelas duas, enquanto buscavam uma maneira de fazer amizade com elas.

Providencialmente Nazareth precisou de uma escada para fazer alguma coisa em sua casa e, como a sua havia se quebrado, resolveu perguntar à nova vizinha da frente se tinha a tal escada. Esta, desejosa de iniciar amizade, a emprestou com muita alegria. Assim iniciaram a amizade.

Logo a vizinha recém-chegada ficou sabendo que se tratava de mãe e filha. Também percebeu logo que eram muito festeiras, e que as festas eram freqüentadas por garotas famosas, incluindo artistas. As bebidas eram abundantes. Por isso e outras coisas mais compreenderam que as duas não tinham uma vida muito recomendável. Contudo, sabedores de que *onde aumentou o pecado, transbordou a graça* (Romanos 5.20), continuavam orando e esperando um milagre. Sabiam que para Deus não há nada impossível, e criam que o Espírito Santo de Deus haveria de trabalhar naqueles corações. De uma coisa estavam certos: apesar das festas, de tanta alegria e beleza aparente, e de tudo o mais, eram pobres almas infelizes, cheias de feridas. Sem dúvida havia muito sofrimento naqueles corações.

Não demorou muito e o casal foi convidado para uma daquelas festas. Era o aniversário da Malu. Sabedores de que não era uma festa de crentes em Jesus, tinham convicção por outro lado de que o melhor a fazer era ir, e tentar aprofundar aquele relacionamento. Foram para a festa regada a muita cerveja e uísque, com gente famosa, bastante barulho, e muitos corações vazios. Vidas deformadas pelo pecado, prisioneiras de vícios, buscando preencher o vazio da alma com coisas que só os faria mais necessitados da verdadeira paz.

O casal sentou-se no ambiente mais salutar que encontrara. Era um cômodo da casa onde havia muitos livros. Ali, orando e procurando ser agradáveis com todos, só aceitavam os refrigerantes. Por volta da meia-noite, se retiraram, com a certeza de que fizeram o melhor que podiam. Estavam deixando os resultados nas mãos do Deus todo-poderoso.

A gravidez da Malu prosseguia sem maiores problemas, até que chegou a hora do parto e, então, procuraram o melhor hospital, o melhor apartamento disponível. A Malu levou algumas das suas melhores roupas e, enquanto aguardava o bebê nascer, ela bailava dentro do quarto. Tudo parecia perfeito. O médico, porém, veio com uma notícia inesperada: havia problemas e a mãe teria de passar por uma cesariana. E as complicações estavam só começando. Entretanto o bebê nasceu, e era uma linda menina. Quanta alegria! Quanta esperança! Contudo, no segundo dia a mãe recebeu a comunicação de que o bebê não estava bem, e não poderia vir para o quarto. Nuvens escuras começaram a surgir, prenunciando uma tempestade. O tamanho da tempestade, entretanto, ninguém sabia ainda. E foi uma tempestade forte, terrível. O bebê foi piorando, piorando, até que outro médico, um especialista, foi chamado para ajudar. E um outro, ainda melhor. Bem, pelo menos era o que acreditavam. Mas, na verdade, a criança só estava piorando. Foi levada para a incubadora, e a enfermidade não dava sinais de que iria ceder.

A Malu teve de ir para casa, deixando a criança no hospital. E, agora, mais uma vez na história daquela família, era o tempo de apelar para os poderes da magia. Assim, um famoso feiticeiro, e caro, foi chamado. Como não conseguiu resolver, uma feiticeira, também famosa e cara, foi contratada. E entre outras coisas, ela ordenou comprassem vários tipos de frutas, as quais tinham de ser perfeitas: não podiam ter nenhum corte, nenhuma deformação. Precisavam ser perfeitas. Com essas frutas a feiticeira faria uma oferenda no quarto da Malu, que era muito especial. Por ser todo acarpetado, com uma cama bem larga, era o ambiente próprio para aquela oferenda. E tinham de fazer uma outra oferenda: um enorme pão, bem comprido, todo recoberto com algodão, que seria embebido em vinho tinto. Essa oferenda seria oferecida na Igreja Católica, no altar da Virgem.

Tudo foi feito direitinho. Todas as recomendações seguidas à risca. Entretanto, isso de nada adiantou, e o bebê piorava cada dia mais. Deixada lá no hospital, seus bracinhos estavam cheios de pulseiras dos feiticeiros; tudo para que as divindades salvassem a vida daquela criança.

E em meio a tudo isso, coisas estranhas estavam acontecendo com a Nazareth. Ela, que nesse período chegava a fumar três maços de cigarro por dia, em um daqueles dias terríveis, ao chegar em casa, pegou logo um maço de cigarro que ficava bem na entrada da sala. Quando foi acender o cigarro, porém, ouviu claramente uma voz vinda do interior da casa. A voz dizia:

– Você é escrava disso.

Acostumada a não ter medo de nada e a responder rápido, ela retrucou:

– Quem está falando aí que eu sou escrava do cigarro?

Nenhuma resposta. Nenhum sinal de que houvesse outras pessoas na casa. Então, outra vez, tentou acender o cigarro. E a voz voltou a falar:

– Você é escrava disso.

Ela retrucou, ainda mais rápido:

– Não sou escrava coisa nenhuma.

E novamente tentou acender o cigarro. Porém, bastou a tentativa para ouvir a voz pela terceira vez:

– Não disse que você é escrava?

– *Que palhaçada é essa?* Disse ela, muito zangada, pronta para brigar. *Não sou escrava.*

Nervosa, inquieta e sem saber o que fazer, foi para a cozinha, não agüentando de vontade de fumar. Entretanto, cheia de opinião, comeu doce, bebeu, procurou distrair a mente, tudo para mostrar que a voz estava errada. Não era escrava do cigarro, pensava ela. E quando vinha o desejo de acender um cigarro, lá no seu interior voltava o pensamento de que tinha de provar para aquela voz, independente de onde tivesse vindo, que não era escrava do cigarro. Nessa luta, pouco a pouco foi perdendo a vontade de fumar. E, assim, libertou-se do vício.

Quase ao mesmo tempo aconteceu outro fato bem estranho. Nessa época ela mantinha um relacionamento amoroso com um rapaz bem mais novo. Uma tarde, quando ele chegou, ela não conseguiu recebê-lo bem. Na verdade, estava com raiva dele sem nem saber o porquê. Realmente não sabia o motivo, mas estava com raiva. Acabaram se desentendendo por uma coisa banal, e ele disse que iria embora. Ela não apenas concordou imediatamente, mas quase o colocou para fora. Nem mesmo foi abrir o portão para ele; deu-lhe a chave para que abrisse. Ele não conseguiu, e ela, com mais raiva ainda, foi abrir. E já saindo, ele fez um gesto de que ia beijá-la, mas ela se negou e foi dura com ele. Até hoje não consegue explicar porque rompeu a relação com uma pessoa de quem gostava tanto. Assim ficou sozinha, e também sem o cigarro.

Nesse meio tempo a vizinha da frente convidou a mãe e a filha para uma reunião em sua casa. Era um culto no lar, mas as duas não sabiam nada ou quase nada sobre isso. Não era o tipo de ambiente que costumavam freqüentar. Contudo, de alguma maneira, percebiam que ali estava se abrindo uma porta de ajuda necessária e, por isso, aceitaram o convite para a reunião.

Quando chegaram, a Malu entrou logo. A mãe, entretanto, ficou do lado de fora. Disse que a razão para não entrar era que a casa estava muito cheia. Todavia, o que havia mesmo era uma grande dose de azedume naquele coração, junto com o medo de enfrentar um ambiente tão diferente para ela. Afinal, era uma católica, e sabia que a reunião era de evangélicos.

O Pastor estava pregando sobre tirar a pedra, uma expressão de um texto do Evangelho de João que fala da ressurreição de Lázaro. Ele havia morrido e já estava sepultado há quatro dias. Uma pedra fora colocada para fechar o túmulo. Ao chegar ali, Jesus disse: *Tirem a pedra. Então tiraram a pedra. Jesus bradou em alta voz: Lázaro, venha para fora! O morto saiu, com as mãos e os pés envolvidos em faixas de linho e o rosto envolto num pano* (João 11.38-43). O Pastor estava comentando esse acontecimento para dizer que, muitas vezes, é necessário que tiremos a pedra para Deus poder agir. Às vezes estamos passando por situações dolorosas, tristes, difíceis, e pedimos a Deus para nos ajudar. Contudo, temos que tirar a pedra para que Deus possa agir. Porque existem coisas que nós podemos fazer, dizia ele. E Deus espera que as façamos para que Ele, então, faça os milagres que só o Deus todo-poderoso pode fazer. E, assim, continuava explicando que a pedra pode ser os vícios, a prostituição, as mentiras, a falsidade, enfim, algo que nos separa de Deus. Ou pode ser a falta de uma fé verdadeira. A fé que honra a Deus.

Enquanto o Pastor prosseguia, a Malu sentia cada vez mais que aquele homem que não a conhecia estava falando com ela. Ela, que até já havia posado nua para a *Play Boy*. E quantas outras coisas feias e tristes voltavam à sua mente, à medida que o Pastor dava seqüência à sua pregação!

Em situações como essa, às vezes a pessoa atingida começa a pensar que alguém contou ao pastor a sua vida, os seus erros, os seus pecados. Pensa que ele está falando exclusivamente para ela. Afinal, como ele poderia saber tudo o que se passava com ela? Sabemos que não é nada disso; é o Espírito de Deus, que sabe todas as coisas, e fala por intermédio do Pregador. Quanto tempo aquele pastor deve ter orado para que Deus o usasse naquela noite, para que assim as vidas fossem abençoadas, curadas, libertadas, e salvas!

Graças a Deus a Malu não pensou assim. Não lhe ocorreu que alguém poderia ter contado sua vida para o pastor. Ao contrário, seu coração foi se quebrantando, e ela foi se arrependendo dos seus pecados. Era evidente que o Espírito de Deus pairava de maneira poderosa sobre as pessoas que estavam participando daquela reunião. E Deus estava se movendo também no interior daquela jovem pecadora, tão necessitada do toque divino. Aos poucos foi brotando em seu ser um desejo profundo de ser transformada pelo poder de Deus. Ela queria a bênção do Senhor. Precisava desesperadamente dessa bênção. Contudo, quando o pastor disse que era necessário aceitar a Jesus para que a bênção fosse completa, sua reação natural foi pensar: *Como aceitar Jesus com todos os meus vícios? A minha vida tão cheia de pecado! E o homem com quem eu vivo? Já posei nua. Não posso. Deus não me aceita.*

E em meio a uma grande confusão mental, sobressaltada com tantos pensamentos contraditórios mas, ao mesmo tempo, precisando tanto da graça de Deus, ela que já havia buscado em tantos lugares algo que não sabia bem o que era, teve convicção que tinha um enorme vazio interior. Sentia uma falta doída de preencher esse vazio terrível em seu coração. Naqueles anos de busca parecia que, no profundo de sua alma, alguma coisa lhe dizia que existia, sim, uma resposta. Havia uma solução divina que, quando ela descobrisse, resolveria esse terrível mal estar interior, e a paz chegaria; e o sossego, por fim, reinaria em sua alma. Agora, ali naquela reunião, sentia que essa resposta estava muito perto; parecia até que poderia agarrá-la com as próprias mãos. Entretanto, ainda não sabia como retirar a pedra que a separava da bênção divina. Como faria para conquistar o que Deus tinha para ela?

Aquela casa e aquela reunião, todavia, haviam se tornado o ambiente propício para Deus responder tantas intercessões a favor dessa jovem. Havia muita gente orando por ela e por sua mãe. Aquela vizinha, trazida de tão longe para morar exatamente em frente à sua casa, batalhava por elas em oração todas as madrugadas. Às três horas da madrugada ela se prostrava perante o Senhor invocando a bênção da salvação eterna para as duas. E, agora, naquele culto, em resposta a tantas intercessões, Malu teve uma visão. Ela diz que foi como um filme que se projetou diante dos seus olhos. Ela viu Jesus sendo cuspido, ferido, açoitado e, ao mesmo tempo, via a sua própria vida cheia de pecados. E foi nesse momento que seus olhos se abriram e ela percebeu o alto preço pago pela sua redenção. Em profunda comoção seu coração estava pronto para aceitar o Mestre sofredor.

Em seguida veio o apelo para as pessoas aceitarem a Jesus. E ela disse sim, ainda que as dúvidas persistissem. Estava decidida a dar o passo em direção a Jesus.

Aquele que já passou por experiência semelhante, sabe que esse turbilhão interior, que atinge a pessoa enquanto está ouvindo a Palavra de Deus, já é o próprio Espírito Santo convencendo-o da malignidade do pecado. E também de como o pecado nos separa de Deus. Paralelamente, porém, o mesmo Espírito que convence a pessoa do pecado, vai por outro lado trabalhando a vontade do pecador, para que olhe para Jesus e receba a redenção. Aos poucos a pessoa vai se conscientizando de que é Deus quem faz a obra. Ela precisa apenas desejar. Precisa abrir o coração, pedindo que Jesus venha e assuma o controle de sua vida. Quando ela está convencida disso e ora pedindo que Jesus a envolva completamente, Ele vem, e traz aquela doce paz, que só o Senhor Jesus pode dar. Aí é tão rápido que nem dá para explicar! A pessoa só sabe que no momento anterior estava nas trevas, perdida, sem Deus, sem salvação; e, agora, por um maravilhoso milagre, tudo é completamente mudado. Ela está na a luz e tem a salvação. A vida eterna entrou em seu coração e a paz inundou o seu ser. É o descanso em Deus. Há tanta certeza de que agora tudo está bem, que Deus está ali e que a ama. Sim, é como se eu, que há um minuto estava completamente separado de Deus, como se uma pedra me separasse d'Ele, de repente, como que por encanto, percebesse que aquela pedra saiu do caminho, e que agora estou nos braços do Eterno. Ele é o meu Pai Amado. Eu sou Seu filho. Sinto que O amo como nunca pensei que pudesse fazê-lo. Na verdade, nem sei de onde brota tanto amor de um coração que, momentos antes, estivera tão seco.

Não é magia. Não é encantamento. Não é hipnotismo. É a presença de Deus. É a graça do Senhor nos envolvendo. É o Espírito Santo de Deus entrando em nosso interior e agindo de uma maneira que só Ele sabe. Só Ele pode agir assim. Isso é conversão; a volta para Deus. O filho pródigo que volta para os braços do Pai. E nesses braços há tanto amor, há perdão, há redenção, há purificação, há alegria, contentamento, e felicidade. Sim, há MILAGRES QUE SÓ O DEUS ETERNO SABE FAZER. Ah! que coisa mais linda!

A Malu estava convertida! A paz, a tão preciosa paz estava inundando o seu ser. A mãe, entretanto, continuava lá fora, emburrada, triste, oprimida. Naquela noite ela poderia ter tido a mesma experiência que a filha, mas resistiu. Ainda precisava ser trabalhada, muito trabalhada, antes de passar pela experiência que a Malu havia passado.

Malu recebia oração, quando alguém profetizou que ela deveria tirar a criança do hospital. Nem a Malu, e nem as outras pessoas ali sabiam que isso fazia parte de um plano divino para que sua mãe, a avó da criança, fosse trabalhada, até que chegasse ao ponto de confiar inteiramente em Jesus, e ser transformada em uma pregadora do Evangelho, levando muitos para o caminho da salvação.

Quando a Malu foi ao encontro da mãe, estava radiante. E lhe disse:

– Mãe, agora sou crente. Jesus me salvou. Sou uma nova criatura.

Se Nazareth soubesse quão bom era o que havia acontecido com a filha, a teria abraçado e coberto de beijos. Entretanto, o coração da mãe estava envolvido em trevas. Profundas trevas que cercavam toda a sua família. Eram gerações de trevas. Terceira geração. Quarta geração. Provavelmente mais que isso. Foram algumas gerações vivendo em densa escuridão. Os avós, os bisavós, as gerações anteriores foram possuídos por trevas vindas da África. Foram povos trazidos como escravos para o Brasil, obrigados a se tornarem cristãos; ou melhor, a se tornarem católicos apostólicos romanos. Como se o batismo, a crisma, e outras coisas mais pudessem mudar seus corações. Por isso, a Nazareth não aceitou a nova Malu e, com o coração cheio de ira, a rejeitou.

Todavia, pelo menos as três últimas gerações dessa família se consideravam cristãs. Todos os parentes eram católicos; meio católicos, meio espíritas, e isso tudo misturado com os cultos pagãos africanos. E que mistura terrível! Quantas trevas vão passando de pai para filho! Nunca alguém havia chegado para explicar-lhes a Palavra de Deus, para levar aquela gente a encontrar Jesus pessoalmente, para conduzi-los a uma experiência pessoal com o Senhor. Também não havia aparecido ninguém para levá-los a recebê-Lo como Salvador, receber o Espírito Santo e receber a vida eterna. Naquela noite, entretanto, a luz entrou no coração da Malu. Mas a Nazareth não tinha condição de entender nada do ocorrido. Para ela, a filha estava só mudando de religião, renegando a religião dos pais, dos avós, dos bisavós. E ela não podia fazer isso. Não era direito fazê-lo. Afinal, o que esses crentes sabem? Quem eles pensam que são?

A Malu, ao contrário, sabia o que lhe havia acontecido. Não havia a menor dúvida: sabia que fora transformada pelo poder de Deus. Tudo era novo agora. *As coisas velhas se passaram. Tudo se fez novo* (2 Coríntios 5.17). E, ao chegar em casa, começou a falar e agir de forma diferente. Já não queria mais as roupas que costumava usar, pois sentia que não davam mais certo com ela, ainda que ninguém houvesse mencionado coisa alguma sobre roupa. O cigarro também não dava certo mais. Nem os bailes. Voltar a relacionar-se com o seu parceiro, nem pensar!

Agora tinha outra vida. Tudo estava diferente. Ela estava absolutamente certa de uma coisa: havia tido um encontro pessoal com Jesus, e Ele a tocara no mais profundo de sua alma e, dali de dentro, a luz de Jesus se espalhou por todo o seu ser, purificando todo o seu corpo. Sim, ela era mesmo uma nova criatura.

A Malu estava absolutamente convencida de que a sua filhinha tinha de ser retirada do hospital. Contudo, quando a avó Nazareth soube disso, não houve mais limite para a sua ira. Ela disse que se a criança fosse retirada do hospital e viesse a falecer, ela mataria a Malu. Mas a Malu, acompanhada de uma nova irmã da igreja, cheia de unção, foi para o hospital. Lá encontrou o pai da menina, cujo nome é Anna Karina, que também ficou horrorizado com a possibilidade da criança ser retirada. Na verdade, para retirá-la dali a Malu teria que assinar um termo de responsabilidade. Ela resolveu assiná-lo e, assim, levou a filha embora.

Como a Nazareth não permitiu que a levassem para a sua casa, a Anna Karina foi para a casa da irmã Eurides. Enquanto isso, o grupo todo da igreja estava jejuando para que Deus fizesse um milagre. Entretanto, em vez de o milagre acontecer, a garotinha só piorava. Tudo estava acontecendo como na história de Lázaro, que morreu para que a glória de Deus se manifestasse.

Nesse meio tempo a Nazareth foi visitar a neta, e foi quando ficou bem claro como as trevas em seu coração eram densas. Quando chegou, a neta começou a piorar: teve convulsões, virava os olhos e apresentava sinais terríveis do poder maligno. A

Malu e as outras pessoas que ali estavam tiveram de fazer a Nazareth sair do quarto. E tão logo ela saiu, a criança voltou ao estado anterior. Esse acontecimento se repetiu outras vezes.

Apesar de todas as orações, porém, a criança veio a falecer. Que decepção! Em que aquele grupo havia errado? Por que Deus não havia curado a menina? Foi essa a mesma pergunta que a irmã de Lázaro fez a Jesus, quando Ele chegou e Lázaro já estava enterrado há quatro dias. Marta, a irmã de Lázaro, disse ao Mestre: *Senhor, se estivesses aqui meu irmão não teria morrido* (João 11.21). Depois, a outra irmã, Maria, repetiu a mesma frase: *Senhor, se estivesses aqui meu irmão não teria morrido* (verso 32). Logo depois Jesus disse para Marta: *Não lhe falei que, se você cresse, veria a glória de Deus*? (verso 40). E o texto sagrado continua: *Então tiraram a pedra. Jesus olhou para cima e disse: Pai, eu te agradeço porque me ouviste. Eu sei que sempre me ouves, mas disse isso por causa do povo que está aqui, para que creia que tu me enviaste* (versos 41 e 42).

Bem, aqueles irmãos criam que, para Deus, não há impossíveis. Eram pessoas que tinham experiências maravilhosas com o Senhor. Por isso, todos eles oraram crendo no milagre. Então a irmã Edith, que havia se mudado para aquele lugar porque o Senhor a levara, juntamente com o seu marido, a se mudarem, pegou a Anna Karina no colo, foi com ela para o quintal, e a ergueu, apresentando-a a Deus. Chorando, orou ao Senhor todo-poderoso, a Javé *El Shadai*: *Deus, o Senhor nos dirigiu, a mim e ao meu marido, para virmos morar aqui; o Senhor nos orientou a comprar esta casa, e nós compramos; tudo para que trabalhássemos com a Nazareth e a Malu, para que elas se convertessem e fossem livres de tantos pecados. Agora, Senhor, se esta criança não ressuscitar, vai ser tudo em vão; a Malu, que já se converteu, vai retroceder; a Nazareth vai fechar mais ainda o coração; o Senhor precisa ressuscitá-la.*

E a criança ressuscitou! Aleluia! Que alegria! Que milagre! Que grande bênção!

Contudo, a obra ainda não estava completa. Por razões que só o Todo-Poderoso sabe, veio uma outra irmã e profetizou que a Anna Karina teria apenas mais um ano de vida. E que Deus seria grandemente glorificado em tudo isto.

Quem pode entender os caminhos do Altíssimo? Eu me prostro humildemente, reverentemente, sem entender, mas sabendo que Ele é Justo, é Santo, Perfeito. Ele é Amor, Misericórdia, Paz. Eu recebo a Sua paz diante daquilo que não posso compreender.

Algum tempo depois de se converter, a Malu trouxe o pastor para conversar com a mãe, mas a Nazareth o rejeitou e não lhe deu a mínima atenção. Quando ele foi embora, a Malu, carinhosamente, perguntou à mãe:

– Mãe, por que a senhora fez isto? Eles são tão bons!

– Eu não quero saber desse povo. E você tem de escolher: ou eu, ou eles.

– Então, mãe, eu vou ter de ficar com eles.

Assim, a Malu se mudou para a casa deles, e se uniu àquele povo de Deus em intercessão por sua mãe. Em todas as igrejas aonde ia, levava a fotografia da mãe e pedia oração por ela. Foi uma batalha de intercessão naqueles dias, com muito choro, para que o coração da Nazareth se abrisse para Jesus. Todos sabiam que a criança iria morrer, menos a Nazareth. Enquanto isto, pouco a pouco a Malu ia voltando para casa.

Quase todos os dias a Nazareth comprava uma roupa nova para a netinha, a Anna Karina. E quando foi se aproximando o primeiro aniversário dela, a avó queria fazer uma grande festa. Mas a Malu, e as demais irmãs que temiam que a profecia viesse mesmo a se cumprir, procuraram dissuadi-la. E a festa não foi organizada, pois a Anna Karina começou a ficar doente.

Felizmente, a esta altura o poder de Deus já havia tocado o coração da Nazareth. Como aconteceu isso? Lembremo-nos de que quando a Malu se converteu ela era modelo profissional e ganhava muito bem. Na verdade, seu salário era pago em dólares, e as duas viviam como ricas, com tanto dinheiro. A mudança de vida da Malu, entretanto, havia desestruturado aquela situação. Além disso, havia o aspecto religioso. A Nazareth não tinha qualquer noção do que significava aceitar Jesus como Salvador pessoal. Para ela, a Malu havia simplesmente trocado de religião; isto é, deixado a religião dos seus pais, o que a feria profundamente. Certamente havia também toda a pressão dos poderes das trevas, que por tanto tempo vinha escravizando as duas com vícios e toda sorte de mundanismo. Os demônios estavam agindo para reconquistar o terreno perdido.

Por tudo isso, a Nazareth havia colocado a filha para fora de casa. A Malu, porém, com o coração cheio da graça de Deus e com muito jeito, foi ganhando o coração da mãe. E foi quando se iniciou o processo da volta para casa.

Deus tinha colocado no coração da Malu a decisão de não tentar convencer sua mãe. Tinha de deixar o assunto nas mãos d´Ele. Assim, ela jejuava e orava pela mãe, mas não lhe dizia nada. Um dia, entretanto, sentindo que poderia ser o tempo de Deus, encheu-se de coragem e convidou a mãe para uma vigília.

– O que é isso? O que é vigília?

– Ah! Mãe! Vigília é uma reunião onde se canta bastante, as pessoas dão testemunho, e ora-se pelos problemas e dificuldades dos participantes. A senhora vai se arrepender se não for.

– Mas por que vou me arrepender? O que tem lá?

– Ah! Além de tudo o que eu já disse, ainda tem um delicioso bolo de fubá e chá de cravo e canela.

– Você está me enganando só para eu ir.

– Mãe,eu agora sou crente, não minto mais.

– Então eu vou, mas eu vou com o meu carro e você com o seu. Se você estiver inventando, eu dou meia-volta e venho embora, e deixo você lá.

– *Está bem,* disse a Malu.

Em seguida a Malu telefonou para a irmã onde ia acontecer a vigília:

– Irmã, por favor, faça bolo de fubá e chá de canela e cravo, porque a minha mãe vai para a vigília.

A Nazareth colocou uma calça branca, bem apertada, e a sua peruca loira. Nessa época ela se pintava igualzinha a Ângela Maria, a célebre artista brasileira daqueles tempos. Inclusive tinha uma foto dela com a Ângela Maria, onde as duas pareciam irmãs gêmeas. A Nazareth também foi muito amiga do Roberto Carlos, no início de sua carreira.

A Malu tinha avisado as irmãs para não pregar para a Nazareth. Não deviam lhe dirigir a palavra sobre Jesus. Elas, na verdade, já sabiam o quanto a Nazareth era impulsiva.

Ela chegou, as pessoas presentes a cumprimentaram com alegria, e ela, silenciosa, ficou em pé bem perto da porta. Logo prepararam uma bonita mesa, onde serviram bolo de fubá, regado a chá de canela e cravo. Quando acabaram de comer, a dona da casa convidou os presentes:

– Agora vamos passar para a outra sala. Vamos louvar o Senhor e orar.

A Nazareth cutucou a Malu, e disse:

– Eu não vou para nenhuma outra sala. Daqui mesmo eu vou embora.

– Não, Mãe; vamos para a outra sala. Se alguém falar alguma coisa que a ofenda a senhora sai e vai embora.

– Mesmo assim eu vou ficar perto da porta. Prontinha para sair.

O louvor foi lindo e tudo estava maravilhoso. Mas a Nazareth continuava perto da porta. Quando terminou o louvor, a irmã pediu que se ajoelhassem.

– Falem com o Senhor Jesus, Ele está aqui. Vocês podem tocar nas vestes d'Ele. Ore, fale com Ele. O Senhor vai tocar em você.

A Nazareth achou aquilo um absurdo. Como Jesus estaria ali se Ele morreu há tantos anos? Mas a irmã continuava falando:

– Toque em Jesus. Ele está aqui.

A sala estava cheia e todos estavam orando. Só a Nazareth estava em pé, perto da porta. Então alguém veio e colocou uma cadeira perto dela. Ela já estava prestes a sair da sala e ir embora, quando a irmã repetiu:

– Jesus está aqui. Fale com Ele. Toque em suas vestes.

A Nazareth olhou para a cadeira e pensou: *Não tenho motivo para ir embora; ninguém falou nada contra mim*. E, então, meio sem refletir no que estava fazendo, ajoelhou-se ao lado daquela cadeira. Colocou os braços em cima do acento, a cabeça inclinada em cima dos braços, e começou a falar com Deus. Na verdade, já estava começando a ser tocada pelo Espírito de Deus. Então, pensamentos de quando ela era menina vieram à sua mente, como se fosse um filme na tela da sua mente. Via a igreja Católica lá na praça da pequena cidade onde fora criada; ao lado ficava a escola na qual ela havia estudado. Sempre que saia da escola ela entrava na naquela igreja, onde havia um quartinho com um vidro, e lá dentro estava a imagem de Jesus, do tamanho de uma pessoa, levando a cruz no ombro. Maria, a mãe de Jesus, com um vestido roxo, os cabelos caídos no rosto, sempre chorando, ajudava a formar aquele quadro de horror. Esse quadro era muito forte em sua mente! Enquanto isso ela continuava com a cabeça apoiada sobre os seus braços, estendidos no assento da cadeira.

Veio à sua mente o que ela dizia, sozinha, naquele quartinho daquela igreja Católica: *Jesus, eu não sei quem fez isto com o Senhor. Mas quando eu crescer, pode deixar, eu vou procurar essas pessoas, e elas vão ver comigo*.

Ela repetia isso quase todos os dias, sempre que saia da escola. Agora, ajoelhada ali, com o rosto sobre seus braços, esse quadro voltava com insistência à sua mente. Aquelas palavras, tantas vezes repetidas quando criança, não a deixavam. Mas, ao mesmo tempo, ela fazia questão de dizer para o seu Deus, a quem ela não conhecia direito, mas que era o Deus da sua religião: *Não se preocupe; eles não vão me convencer; eu não vou mudar de religião; o Senhor sabe que eu rezo todos os dias para São Pedro, São Geraldo, Santo Antônio, Nossa Senhora de Fátima, para a Senhora Aparecida, para a Nossa Senhora de Lurdes e para o Anjo da Guarda; rezo para todos eles; então, não se preocupe que eu não vou mudar.*

E durante aquele torvelinho de pensamentos desencontrados, ela ouvia as palavras profundas e tocantes da dirigente:

– Jesus está aqui. Ele ama você.

A Nazareth começou a chorar. E falou consigo mesma: *Bem, se é verdade que Jesus está aqui, eu preciso saber.E se eles estiverem certos e eu errada? Jesus, vou dizer uma coisa: se o Senhor está mesmo aqui, eu lhe dou um minuto para o Senhor falar comigo, porque se o Senhor não falar, nunca mais eu quero saber dessa história. Se o Senhor falar comigo, eu vou segui-Lo toda a minha vida.*

Exatamente naquele momento, a irmã bateu palma e todos pararam de orar. Ela disse:

– Hoje vai haver salvação neste lugar. E acrescentou: Não te chamo serva, mas te chamo filha. Sim, falo com você que me deu um minuto.

Que susto! Como era possível aquilo? Como aquela mulher podia saber o que estava pensando, com a cabeça reclinada naquela cadeira? Ou será que é assim que os crentes oram? *Será que ela falou isso para mim?* E quase que instantaneamente a dirigente repetiu:

– Não te chamo serva, mas te chamo filha. Você que me deu um minuto para eu lhe falar, eu lhe dou meio minuto para me seguir.

E de repente uma onda do poder de Deus veio sobre a Nazareth. Ela deu um salto, foi para o meio da sala, ajoelhou-se, levantou as mãos, e repetia sem parar:

– Foi eu, foi eu, foi eu...

Ondas da graça divina estavam agora inundando todas aquelas pessoas, enquanto um louvor maravilhoso enchia aquela sala da glória de Deus. Pessoas chorando, cantando, batendo palmas. Era um verdadeiro céu na terra. A Nazareth suava tanto que o lugar onde estava ajoelhada, no meio da sala, ficou encharcado. Todo o seu ser, espírito, alma e corpo, estava sendo abalado com o poder de Deus. E quando ela se levantou, era uma outra pessoa. Agora podia entender o que havia se passado com a filha. O toque divino estava sobre ela, regenerando-a, salvando-a, purificando-a; ela não saberia explicar todo aquele envolvimento com o sobrenatural, mas sabia que era Deus que estava fazendo tudo aquilo; e, agora, Deus não era alguma coisa longe, confusa, difícil de entender. Não, era Deus encarnado em Jesus, vindo tocar em sua carne, no seu corpo, no seu espírito; era Deus, na força do Espírito Santo, vindo habitar nela. Ela estava se tornando filha de Deus; a partir daquele momento Deus seria verdadeiramente o seu Pai. Tudo novo, diferente, feliz, abençoado.

Na verdade, a vida foi outra a partir daquele dia; incluindo novas amizades, novos interesses. A comunhão com as outras pessoas que também amavam a Jesus ia aumentando dia a dia. Mas ainda havia laços de amizade com os amigos e amigas de vários clubes noturnos. Ela passou um mês sem ir a um clube e logo começaram a lhe telefonar. Ela ainda não tinha como argumentar com seus amigos. Certo dia surgiu um convite diferente: iam inaugurar uma discoteca no Clube Primeiro de Maio, em Santo André, SP, e estavam insistindo com ela para que fosse. E ela decidiu ir. Quando a Malu soube da decisão da mãe, procurou dissuadi-la, mas em vão, pois ela estava decidida a ir. A Nazareth telefonou para uma das suas amigas, a Neusa, que foi com ela. Quando chegaram ao clube, eram 23:40h, e todos queriam saber por que ela havia desaparecido. As duas foram para uma mesa e a Neusa pediu uísque e cigarro, enquanto a Nazareth pediu um refrigerante. Não quis o cigarro, o que já era muita provocação para a Neusa, que reagiu:

– Que é isto Nazareth? Você vai tomar refrigerante?

– Vou, e daí?

A Nazareth ficou sentada, enquanto a Neusa estava dançando com o copo de uísque em uma mão e o cigarro na outra. A Nazareth orou: *Jesus, me falaram que o Senhor entrou em meu coração, e que nunca mais me deixaria. Não estou me sentindo bem aqui. Se o Senhor está comigo, eu quero que o Senhor fale para a Neusa para irmos embora. Porque eu não vou falar. Afinal, eu a convidei para vir comigo.*

Mal acabou de falar, a Neusa deu meia volta, veio até à mesa, apagou o cigarro, colocou-o no cinzeiro, deixou o copo na mesa, e falou:

– Nazareth,vamos embora? Isto aqui está muito chato.

A Nazareth sabia porque aquilo estava acontecendo, mas ainda quis resistir.

– Por que você que ir embora?

– Bem, se você não quiser, não vamos.

– Não, não. Vamos embora sim.

Haviam chegado a menos de uma hora no clube. Seus amigos não entenderam nada. Mas fazer o quê?

Lá fora a Nazareth lhe explicou o que estava acontecendo, dizendo-lhe o que havia falado com Jesus. A Neusa ficou muito brava e já não era mais a mesma amiga, pois seu coração continuava cheio de trevas. Contudo, a luz no coração da Nazareth ia aumentando mais e mais, fazendo com que fosse entendendo o que era o novo caminho que estava seguindo. A paz, a alegria, e o sossego em Deus era muito, muito superior a tudo o que o clube, o cigarro, e a bebida podiam oferecer.

A vida mudou, e mudou muito. Assim como participava com toda a força do que o reino das trevas oferecia, agora, com força redobrada, queria participar do Reino da Luz. Queria servir a Jesus de todo o seu coração.

E a Anna Karina? O drama ainda não havia terminado. Uma tarde, quando a Nazareth chegou do trabalho, a Malu estava conversando com o pastor no portão. A mãe chegou, os cumprimentou, e a Malu disse:

– Mãe, entra logo, porque a Anna Karina não está bem.

Quando ela entrou no quarto, havia várias irmãs ali. A Nazareth se dirigiu à neta carinhosamente:

– Anna Karina, como você está? Está bem?

Todo aquele grupo começou a orar e a louvar a Deus. De repente, começaram a cantar em línguas, um lindo cântico espiritual.

Os olhinhos da Anna Karina ficaram embaçados, e a Nazareth percebeu que alguma coisa estranha estava acontecendo. Na bênção como estava, começou a cantar e, em seguida, continuou orando em línguas. Era como se o céu estivesse se abrindo. Em uma visão, ela percebeu que anjos pegaram a Anna Karina e foram levando-a. Várias pessoas que estavam no quarto tiveram essa mesma visão – dois anjos se aproximaram da Anna Karina, colocaram suas asas debaixo dela, e a levaram. O corpinho estava lá no berço, mas havia uma certeza em todos eles – ela estava sendo levada pelos anjos. A Nazareth continuava cantando, e em meio ao seu cântico, voltou a olhar para o berçinho. E viu que a Anna Karina estava morta.

Confortada pelo Espírito de Deus, que usou aquela visão para falar com ela, não se desesperou. Uma paz doce encheu o seu coração. Sua reação foi:

– Precisamos colocar um vestidinho bonitinho nela. Acabei de comprar um vestido novo.

Logo depois os amigos crentes começaram a chegar. Alguns instrumentos foram trazidos. Uma mãe trouxe sua guitarra. E daquela hora em diante, a noite toda, até no enterro, as pessoas não cessaram de cantar. A casa se encheu de louvor a Deus.

A Nazareth só teve uma reação de choro já no cemitério, quando o pequeno caixão foi levado por um funcionário que, descendo uma escada, colocou-o na gaveta do túmulo. Então ela chorou. Um choro que não era de tristeza. Nem de revolta. O choro da avó convertida, banhada com o amor do Senhor Jesus. O mesmo Espírito Santo que veio habitar nela naquela noite, lá naquela vigília quando, ajoelhada no meio da sala, suava muito e, ao seu redor todos aqueles servos e servas de Jesus jubilavam na presença do Eterno. Eles sabiam que uma pródiga retornava para a casa do Pai. Sim, esse mesmo Espírito a envolvia agora. A doce e maravilhosa presença do Espírito suavizava a dor da perda da Anna Karina. Enquanto o corpinho inerte descia para a tumba, dentro do pequeno caixão, o Espírito Santo tocava o interior da Nazareth, levando-a a louvar e adorar ao Pai

O mesmo aconteceu com a Malu E todos aquelas amigas queridas, que no último ano tinham sido um bálsamo para as almas feridas daquelas duas mulheres que começavam a entender os caminhos do Eterno; sim, todos os presentes só podiam dizer uma coisa: *Amado Pai, nós Te amamos. Recebe o nosso amor, a nossa vida, tudo o que somos, tudo o que temos. Tua vontade é melhor. Mesmo não entendendo, sabemos que o Senhor é amor. E certamente fez o melhor para a Anna Karina e para nós. A nossa vida é Tua. Usa-nos para salvar outras pessoas com o Teu poder e, assim como curaste e estás curando nossas feridas, usa-nos como instrumentos para que outros também sejam curados. Glória a Ti Senhor. Amém e Amém.*

A Anna Karina foi levada para o céu em abril de 1979. A conversão da Malu havia acontecido em março de l978. A conversão da Nazareth ocorreu em setembro desse mesmo ano. E foi nesses dois anos que se deu a reviravolta na vida dessas duas mulheres.

Capítulo 4

Enviada ao Campo Missionário

Era o ano de 1984. A Missão Antioquia esboçava um movimento para ampliar suas atividades no campo missionário. Tínhamos uma imensa vontade de enviar centenas de missionários para tantos países, onde os campos estavam brancos para a ceifa. É certo que enfrentávamos muita resistência a missões mundiais naqueles primeiros anos de Missão Antioquia, o que dificultava a rapidez do nosso progresso.

O primeiro aspecto da resistência era:

– Por que vocês ficam apelando para missionários para a Bolívia, Paraguai, Peru, Angola, Moçambique, Portugal, Espanha, Índia, ou China? Vocês não sabem que temos serviço demais no Brasil?

Sim, sabíamos! Havia muito para fazer! Muito mesmo! Mas, imagine se no início da segunda metade do Século 19, por volta de 1860, quando missionários presbiterianos e batistas começaram a vir para o Brasil, onde praticamente não havia igrejas evangélicas, se pensassem dessa maneira – de que havia muito serviço em seus países – no caso, os Estados Unidos, a Inglaterra e outros, de onde estavam vindo – quanto serviço lá! Quanta gente para alcançar! Entretanto, para serem fiéis à visão celestial, vieram para o Brasil, e aqui colocaram os alicerces do que é hoje a pujante Igreja Evangélica no Brasil, formada por tantas igrejas e denominações, e por milhões e milhões de crentes.

Sim, sabíamos que havia muito serviço no Brasil, e que precisávamos trabalhar muito aqui, mas também sabíamos que tínhamos de levantar os olhos e olhar outros campos fora do Brasil; campos mil vezes mais carentes do que a grande maioria dos nossos campos.

Além disso, sempre chamávamos a atenção para uma continha bem simples. Era assim: se tínhamos cinco milhões de crentes no Brasil, e se enviássemos um por cento deles para outras nações, isto é, se enviássemos cinco mil missionários – sobrariam ainda quatro milhões novecentos e noventa e cinco mil crentes, para fazerem a obra de Deus em nossa pátria.

Outra dificuldade era que, em geral, havia um pensamento enraizado de que missões se faz com dólares. O nosso pobre dinheirinho brasileiro (na época era o famoso cruzeiro) não dava para nada. Quantos cruzeiros precisávamos para comprar um dólar? Cinco, dez, vinte? Quem se lembra?

Mas, pior ainda, não havia muita confiança de que os brasileiros dessem certo em missões. Afinal, a figura de um missionário em nossas mentes era a de um homem ou mulher bem alto, branco, de olhos azuis, e com bastante dólares no bolso!

Portanto, missões mundiais era um produto difícil de vender há vinte e cinco ou trinta anos. Brasileiros fazendo missões mundiais? Somente uns poucos acreditavam. Mandar meia dúzia de missionários, tudo bem. Mas, um movimento grande de missões no Brasil? Quem acreditaria nisso?

Não tínhamos experiência com esse tipo de missões. Não tínhamos agências missionárias brasileiras. Não tínhamos cursos para preparar missionários transculturais. E não tínhamos dólares. Só tínhamos a visão que podia ser definida mais ou menos assim: as igrejas evangélicas no Brasil, formadas pelo esforço missionário de igrejas e agências nos Estados Unidos, Inglaterra, e outros países, cresceram, e cresceram muito. Haviam se tornado grandes, fortes; podiam ajudar muito a levar o

Evangelho a regiões da terra onde ele ainda não estava sendo pregado. Se descobríssemos o caminho para motivar os candidatos, prepará-los, e levantar o mínimo necessário para eles irem, o resto Deus haveria de fazer.

E, contrariando muita gente, estávamos falando de missões onde quer que uma porta se abrisse. Onde houvesse irmãos e irmãs que estivessem dispostos a irem, nós haveríamos de descobrir os meios para enviá-los. Era um tempo para desbravadores. Desbravadores de missões mundiais, do Brasil para outras nações extremamente necessitadas da evangelização bíblica. Uma evangelização que visa mesmo o novo nascimento daqueles que são alcançados.

Tanto no Brasil, como em outros países em desenvolvimento, haviam se formado igrejas fortes, com muita gente crente de verdade. Crentes que poderiam ser usados em missões mundiais. Essas igrejas eram fruto da obra missionária do final do século XIX e da primeira metade do século XX. Agora, na década de setenta, sentíamos que era tempo de levar as igrejas do Terceiro Mundo a participar ativamente de missões mundiais. E era isso o que estávamos procurando fazer, com todas as nossas forças.

Mas, as nossas forças eram pequenas, pois tínhamos pouquíssimos recursos financeiros. Do ponto de vista humano, tratava-se de um projeto impossível. Pensar em fazer missões nos moldes de sustento financeiro em que o faziam as missões americanas e européias, nem pensar. Contudo, será que era possível fazer missões quase sem dinheiro? Não tínhamos opção.

E foi assim que a Missão Antioquia começou a enviar seus primeiros missionários. Primeiramente para Portugal. Também tínhamos gente lá em Israel. Sentíamo-nos fazendo missões sacrificiais outra vez. Como na história dos moravianos, quando aqueles obreiros embarcavam em navios, não como passageiros, mas como operários e, assim, chegavam aos países onde iam servir ao Senhor. Ali plantavam lavoura e faziam outros serviços, para poderem ficar no campo missionário. Que tempo! Que sacrifício! Que chamado para missões! Será que ainda veremos coisas assim acontecendo na obra missionária?

Conseguimos alguns candidatos e, com grande sacrifício, os enviamos para os campos missionários em outros países. E foi assim que enviamos o Waldir e sua esposa para a Bolívia. Ele foi para a cidade de Sucre, onde juntou-se a uma pequena igreja. Passado um ano, sua esposa faleceu no parto de sua filha. Assim, ele ficou viúvo, com um bebê para cuidar. Queríamos que ele voltasse, mas ele insistiu em permanecer na Bolívia; o que, para nós, era um sinal de que havia, sim, brasileiros prontos a se sacrificarem nos campos missionários.

Nesse tempo tínhamos duas jovens para enviar para a Bolívia. A Maura e a Joana. Elas haviam sido preparadas no Vale da Benção, e aceitaram o desafio de servir ao Senhor nesse campo. Todavia, aos nossos olhos elas ainda eram muito jovens, e estavam sendo desafiadas a ir para um campo difícil. Precisavam da companhia de alguém com mais experiência. Além disso, achávamos que se encontrássemos alguém que, além de servir de companhia para elas, as ajudasse cuidando da casa, cozinhando, e fazendo outros serviços, elas estariam mais livres para a oração, para a visitação, enfim, para o ministério propriamente dito.

Comecei a pensar em quem poderia fazer esse trabalho tão necessário. Logo me veio à mente a figura da Nazareth; uma mulher forte, dinâmica, inteligente, responsável, e muito crente. Essa mulher, eu pensava, seria o apoio ideal para aquelas missionárias mais jovens. Ela poderia ser de grande ajuda.

A Nazareth havia passado a freqüentar o Vale da Bênção, que ainda estava bem no início. Tínhamos essa propriedade tão boa, ao lado de uma rodovia que, na ocasião, era a melhor do Brasil. E era perto de São Paulo. Contudo, não havia quase nada nessa propriedade. Sobrevivíamos em pequenas construções, esperando de Deus os recursos para construirmos a infraestrutura que nos daria condições de fazer funcionar a Missão Antioquia, o Seminário, o Ministério com Crianças, o Acampamento, o Centro Permanente de Oração, e as demais atividades que pretendíamos implantar. Porém, tudo isso eram sonhos, projetos, alvos. Do ponto de vista da realidade humana, vivíamos uma pobreza material desconcertante.

Algumas pessoas acreditavam em nós e aceitaram os desafios que lhes apresentávamos. A Nazareth foi uma dessas pessoas; ela acreditava nos sonhos do Vale da Benção e se dispôs a ajudar. Então, passando pela Nazareth no pátio do Vale da Bênção, eu lhe disse, sorrindo meio sem convicção:

– *Nazareth, estamos precisando de você na Bolívia!*

Não me lembro bem da sua reação no momento. Mas ela diz que Deus vinha tratando com ela sobre o campo missionário. Ela havia participado de reuniões de missões logo que se converteu, e esse tema estava ardendo em seu coração. Na sua igreja também falava-se bastante de missões. Portanto, como uma nova convertida, estava sendo bombardeada com os desafios missionários. Estava mesmo com o coração inflamado por missões. E tocada com essa mensagem, ela havia falado com Deus pedindo um sinal, se devia se envolver nessa obra. E o sinal seria se eu, pastor Jonathan, viesse a ela e a desafiasse pessoalmente para o campo missionário. Então aquela palavra "*Nazareth, estamos precisando de você na Bolívia*", que falei no pátio do Vale, meio jogada ao vento e sem muita convicção, era a semente preparada para ela. E o seu coração já estava preparado para receber aquela semente. Sim, o seu coração estava preparado para fazer aquela semente germinar e dar frutos.

Acontece que a Missão Antioquia nasceu com três propósitos. Primeiro, ajudar a despertar as igrejas do Brasil para missões mundiais; segundo, preparar missionários transculturais; terceiro, levantar dinheiro no Brasil, para a obra missionária. Vivíamos intensamente esses propósitos e, nesses trinta anos de Missão Antioquia, temos procurado nos mover dentro desses propósitos. Temos nos esforçado para colocá-los em prática de todas as formas possíveis.

O segundo propósito foi sempre preparar bem os missionários que enviamos para os campos missionários. Foi por causa disso que nasceu o Curso de Preparo Missionário, em 1983. Mas, antes disso, já fazíamos o melhor que podíamos para preparar bem os que seriam enviados. Isso foi bom e continua sendo. Nossa porcentagem de frustração no campo, ou de retorno antes da hora, tem sido bem menor do que a média brasileira. Temos colhido resultados positivos do nosso empenho em preparar bem os missionários que enviamos.

E a Nazareth não correspondia ao segundo propósito: preparo para o campo missionário. Era crente não fazia muito tempo. Não havia feito seminário e não havia tempo para ela fazer o nosso Curso de Preparo Missionário. Portanto, desse ponto de vista, nos era difícil enviá-la como missionária. Por outro lado, nosso pensamento era que não a estávamos enviando como missionária, mas como apoio para outras missionárias. Quem sabe, por isso, poderíamos abrir uma exceção! E, como a necessidade era grande, e por causa da confiança que tínhamos nela, lá se foi a irmã Nazareth, como dona de casa. Seu trabalho seria cuidar das missionárias mais jovens. E se ela fosse uma boa conselheira e cuidasse bem da administração da casa, ficaríamos imensamente satisfeitos.

Apesar de darmos tanta importância ao preparo, e ainda que Deus venha usando essa preocupação e essa meta, não se passou muito tempo e tivemos que reconhecer que o Espírito Santo não está preso às nossas estruturas, modelos ou convicções. Ele faz como quer, com quem quer, sempre que quer. E, no caso da Nazareth, Ele rompeu tudo o que acreditávamos com relação ao preparo de missionários.

Gostaria de registrar aqui que nem de longe estou afirmando que o Espírito Santo desaprova o preparo eficiente daqueles que Ele usa para fazer a obra de Deus. Com toda a certeza, temos de estar sempre abertos para a Sua ação inovadora. Sempre, e onde quer que Ele venha para nos levar a vivenciar uma nova experiência, temos de discernir o caminho do Senhor. O que quero dizer é que as missões devem se organizar para preparar os seus missionários, e que o Senhor aprova essa preocupação. Ao mesmo tempo, precisamos estar sempre abertos para outras experiências que o próprio Espírito de Deus esteja nos conduzindo.

Tivemos um outro caso assim. Foi o Jesuel, um jovem muito crente. Rapaz de oração e que buscava o Senhor intensamente. Mas ele, vindo de uma igreja da Baixada Santista, não tinha escolaridade nem para se matricular em nosso Curso Bíblico Básico, para o qual exigia-se bem pouco. Quanto mais pensar no Curso Médio de Teologia, ou no Bacharel em Teologia, para os quais tínhamos de exigir o Segundo Grau completo. O Jesuel foi ficando no Vale porque todos gostavam muito dele. Transmitia simpatia e bondade. Ele mancava um pouco de uma perna, e tinha outros problemas de saúde. O que não imaginávamos era que aquele jovem, envolvido no fogo de missões, fosse despertado tão rapidamente e com tanta convicção. Logo ele começou a dizer para todos que o Senhor queria que ele fosse servi-Lo no Peru. Mas como? Se até para falar Português ele tinha dificuldade?

Tentamos dissuadir o Jesuel de todas as formas; entretanto, de nada adiantaram os nossos esforços e preocupações. Sem dizer absolutamente nada do que estava fazendo, ele foi conseguindo alguns recursos. Quando a nossa próxima equipe que estava sendo enviada para a Bolívia foi tomar o ônibus em São Paulo, para dali tomar o trem que os levaria até Corumbá, cidade brasileira na fronteira com a Bolívia e, ali tomar o trem até Santa Cruz de La Sierra, no território Boliviano, lá estava o Jesuel. Queria ir com eles até a Bolívia e, dali, seguir para o Peru. Para alguns daquele grupo, aquela era uma situação, no mínimo, desconcertante. Mas ele foi. E lá na Bolívia, separou-se do grupo, e seguiu para o Peru. Como ele conseguiu chegar, e como começar a fazer amizades, só Deus sabe. Creio que o Senhor, na Sua misericórdia, enviou anjos especializados nestas aventuras para cuidarem dele, porque dentro de alguns meses começamos a receber informações do Jesuel. O Senhor o estava abençoando muito. Ele havia recebido uma unção de libertação de endemoniados e de cura de enfermos, e as pessoas estavam sendo libertas, outras curadas, e milagres estavam acontecendo. Havia conversões provenientes de suas ministrações e ele estava sendo uma bênção! Nós nos alegramos muito e, humildemente, tínhamos de reconhecer, mais uma vez, que o Espírito Santo age em quem e através de quem Ele quer. A Ele a glória e o louvor!

O Jesuel serviu o Senhor no Peru durante vários anos. Agora está na Guatemala, como um dos obreiros do COMIBAM. É casado há quinze anos com a Maria Helena e tem duas filhas: Evita e Talitha.

Louvamos a Deus por vidas como a do Jesuel e da Nazareth. Da fraqueza conseguem tirar forças para servir o Senhor. Tornam-se pessoas valentes, ungidas, usadas. Parece que pelo fato de não poderem contar muito com o conhecimento, a cultura e o preparo, voltam-se tão intensamente para o Senhor, que acabam se tornando obreiros extraordinariamente usados por Deus.

Quando encontramos um Saulo de Tarso, doutor da lei, fariseu, preparado e capacitado como poucos em seus dias, com um futuro brilhante entre os escribas e fariseus de Israel, os judeus mais brilhantes da sua época, e que se entrega a Jesus para servi-Lo, temos de nos alegrar sobremaneira. Um homem tão ilustre do ponto de vista humano, que se deu tão completamente ao Senhor! Orava tanto, jejuava tanto, fazia tantas vigílias mostrando que só confiava mesmo no poder de Deus para fazer a obra do Reino. Absolutamente, não confiava em seus conhecimentos e preparo para realizar as suas tarefas no ministério. Era sabedor de que *o que é nascido da carne é carne, mas o que é nascido do Espírito é espírito* (João 3.6). Ele renunciou a qualquer capacidade humana, para receber a plena capacitação do Espírito Santo. Por isso, disse: *Mas o que para mim era lucro, passei a considerar como perda, por causa de Cristo. Mais do que isto, considero tudo como perda, comparado com a suprema grandeza do conhecimento de Cristo Jesus, meu Senhor, por quem perdi todas as coisas. Eu as considero como esterco para poder ganhar Cristo* (Filipenses 3.7,8). Sim, quando encontramos gente muito bem preparada e que, ao mesmo tempo, se volta intensamente para o jejum e a oração, realmente temos de nos alegrar.

Ele, o missionário Paulo, podia dar um maravilhoso relatório de como o Espírito de Deus o havia usado desde Jerusalém até o Ilírico (provavelmente a região da ex-Iugoslávia). Ele escreveu: *Não me atrevo a falar de nada, exceto daquilo que Cristo realizou por meu intermédio em palavras e em ação, a fim de levar os gentios a obedecerem a Deus, pelo poder de sinais e maravilhas e por meio do poder do Espírito de Deus* (Romanos 15.18-20).

Sempre que pudermos encontrar um Saulo de Tarso, tão bem preparado, e que ao mesmo tempo busca o Senhor com tal intensidade, na absoluta certeza de que se não for o poder de Deus, o preparo humano de nada adiantará para fazer a obra de Deus, se pudermos encontrar obreiros assim, sem dúvida serão muito bem-vindos. Entretanto, se tivermos de optar entre o bem instruído, mas sem oração, sem unção, e sem poder, e o não instruído, mas que ora muito, tem unção e tem poder para fazer o trabalho, certamente ficaremos com este. Deus usa o preparo e a cultura conquistados pelos Seus servos. Foi assim com Moisés. Usou muito do que ele havia aprendido no Egito. Ele havia sido instruído em toda a ciência disponível naquele país. Deus fez de Moisés o campeão do seu tempo na obra de Deus.

Mas o Jesuel, sem jeito e sem condições, é usado também. A Nazareth, sem o devido preparo para o campo missionário, também é usada poderosamente. Qual o segredo dela? Buscar intensamente o Senhor. Conhecendo-a há tantos anos, posso dizer que tenho encontrado poucas mulheres e poucos homens que oram com tanta intensidade e que gastam tanto tempo com o Senhor. Fico extremamente feliz de poder dizer que a Nazareth é uma mulher de oração.

Dedicando-se de todo o coração à obra de Deus, buscando servir o Senhor com todas as suas forças, desenvolvendo sua vida de oração com muita intensidade, a Nazareth, pouco tempo depois de chegar à Bolívia, já era conhecida como uma missionária muito abençoada. Ela que foi enviada como auxiliar, teve uma ascensão muito rápida na obra de Deus, nos dando a convicção de que era uma missionária ungida e vitoriosa. Tínhamos de reconhecer que o próprio céu a havia preparado para aquele campo missionário.

Capítulo 5

Ministrando aos Mais Pobres Entre os Pobres

Algum tempo depois de chegar a Sucre, a Nazareth começou a trabalhar na Iglesia de Dios. O templo estava precisando de uma porta, precisava rebocar as paredes, e havia outros reparos a serem feitos. Eram poucas pessoas na igreja, e havia poucas condições financeiras. A Nazareth começou a orar, e a levar outros a fazer o mesmo, buscando de Deus a solução.

Em meio à oração, veio-lhe à mente a possibilidade de conseguir roupa e vender na rua principal. As roupas vieram mas, no primeiro dia, ninguém da igreja quis ir com ela. As irmãs tinham vergonha de vender coisas na rua, ao que ela reagiu assim: *Se vocês têm vergonha, então eu vou sozinha! Só me ajudem a levar as roupas*. Ela tomou um táxi e levou uma boa quantidade de roupa para a rua. E vendeu quase tudo. Voltou com bastante dinheiro aquele dia, porque as pessoas compravam mesmo. A partir daí algumas irmãs se animaram a ir com ela para a rua, e fizeram isso várias vezes. Assim, conseguiram dinheiro suficiente para a reforma da igreja, e colocaram as portas e o piso. Foi uma bênção!

Como o projeto das roupas deu certo, a irmã Julieta chegou à conclusão que também poderiam vender pastéis, e se ofereceu para fazê-los.

– *Faça os pastéis que eu vou vender*, disse a Nazareth.

A irmã Julieta, ajudada por mais duas irmãs, faziam um tipo de pastel grande. Muitos. Ficavam horas fazendo os pastéis. A Nazareth os colocava em uma bandeja e ia para a rua principal e para a praça. Ela disse: *Só porque eu era brasileira, todo mundo comprava pastel de mim. Eu vendia num segundo! Voltava à casa da irmã Julieta, onde já tinha outra bandeja cheia. De volta à rua, vendia tudo.* Assim, aquelas mulheres, estimuladas pela Nazareth, estavam conseguindo recursos não só para melhorar o prédio da igreja, mas também para colaborar no atendimento de outras necessidades.

Estava se aproximando um feriado de três dias, e o marido da irmã Julieta, que trabalhava com um táxi, ia viajar. Então, mais do que depressa a Nazareth descobriu outro jeito para conseguir dinheiro para a igreja.

– I*rmã Julieta, eu sei dirigir; se você me emprestar o carro do seu marido, eu posso trabalhar de taxista para conseguirmos um pouco mais de recursos.*

O marido concordou e lá se foi a Nazareth de motorista de táxi. Como não conhecia o nome das ruas, quando o passageiro lhe dava o endereço onde queria ir, ela lhe dizia:

– Eu *levo, mas você precisa me explicar como é que chega lá porque eu não sei chegar*. Ela trabalhou de taxista aqueles três dias para poder ajudar a terminar a reforma da igreja. E ela arremata: N*unca fiz nada que fosse para mim mesma*; *era para ajudar a igreja; a igreja estava precisando.*

Essa é a Nazareth. Um exemplo vivo dos milagres de Deus que vêm como resposta da oração daquele que crê e se dispõe a trabalhar. Ela ora como se tudo dependesse somente de Deus, e trabalha muito, como se tudo dependesse inteiramente dela.

Foi assim no seu trabalho em Tarabuco, um povoado nas montanhas, na região de Sucre. O frio é intenso ali naquela área. As crianças não estavam acostumadas a tomar banho de jeito nenhum. Por isso, nenhum deles tomava banho, até porque a água é muito escassa. Essa região é muito seca. Contudo, inconformada com o fato de as crianças não tomarem banho, ela dizia para a esposa do pastor:

– *Precisa dar um banho nas crianças*. Ao que a senhora respondia:

– *Eles não vão querer*! E a Nazareth retornava:

– *Têm que querer! Como não vão querer?*

O banho tinha de ser na "batea", um tipo de gamela de lata. A Nazareth colocava água ali e a colocava ao sol, para aquecer um pouco com o calor do meio dia. Não era de se estranhar o pavor das crianças em tirar a roupa e tomarem um banho gelado. Ao meio dia havia um pouco de sol e, então, os menininhos eram trazidos meio à força para o terrível e indesejado banho.

– *Eles gritavam tanto,* diz a Nazareth, *que até parecia que os estávamos matando. Depois eles foram se acostumando e já não davam tanto trabalho para tomar banho.*

Você teria coragem de fazer isso? Quantos missionários teriam essa fibra, a ponto de forçar as crianças sujas a tomarem banho, até que se acostumassem com a água? Isso é próprio de alguém com uma vontade de ferro, que tenha muito zelo, e que esteja disposta a arregaçar as mangas e fazer o que precisa ser feito.

Um dia, em um sábado pela manhã, ao se levantar, do lado de fora da casa estava uma campesina, sentada no chão, com um bebezinho no colo. O bebê estava morrendo no colo dela, enquanto ela continuava descascando batatas. As lágrimas corriam pelo seu rosto, enquanto o bebê, desfalecido, nem parecia estar vivo. Era um quadro de desamparo, tristeza e desesperança. A Nazareth perguntou ao pastor:

– O *que está acontecendo? Essa irmãzinha que está ai fora está chorando.O bebê que está no colo dela não está bem. Ela está descascando batatas e chorando.* O pastor respondeu:

– *É que ela levou o bebê ao hospital e o doutor disse que não tem jeito. O bebê vai morrer. Ela está aguardando a morte dele.*

A Nazareth foi rápida e quase rude:

– *Pastor! Você vai ficar ai parado? Pastor, não é assim. Não é assim. Não pode fazer desta maneira! Pega um pouquinho de óleo*

– *tem óleo ai?* Havia ali um pouquinho de óleo num vidro; óleo de cozinha. Ela disse: *Vamos orar pelo bebê*! Então, orou e ungiu o bebê, repreendendo o espírito de morte. Logo após a oração o bebê dormiu. Algum tempo depois a criança estava curada e hoje é uma moça! Foi curada por Deus, porque Ele opera grandes coisas, em resposta à fé daquele que ora e age. Moisés orou a Deus. Foi bom ter orado. Precisava orar; contudo o mar Vermelho só se abriu quando ele agiu. Fico pensando no grito que ele deu com o mar: *Mar Vermelho, abre*. Enquanto gritava, batia com violência nas águas com a sua vara, pois *o Reino dos céus é tomado à força, e os que usam de força se apoderam dele* (Mateus 11.12). Orar e agir é a receita para quem quer que as forças do Reino dos Céus entrem em operação a seu favor.

Ela trabalhou dois anos em Tarabuco, esse lugar extremamente pobre. Gente muito necessitada de tudo. Por isso também a hospedagem que conseguia era a mais rústica que se possa imaginar. Era como a casa daquela família que morava quase em frente da igreja. Eles se converteram e disseram que a Nazareth poderia dormir na casa deles. Havia um quarto que ela podia usar, se é que se podia chamar de quarto aquela parte da casa. Nem a porta do quarto e nem a janela fechavam. O quarto, na verdade, era o lugar onde guardavam batata, amendoim, pimenta, palhas, pois era o depósito do que colhiam na lavoura.

O esposo não tinha aceitado a Jesus, e bebia muito. Mas não havia outro lugar. A Nazareth conseguiu um colchão e uma caminha. A água era uma raridade, pois era muito difícil conseguir um pouco desse líquido precioso. Havia um tanque, bem no meio do pátio, no qual as ovelhas e os jumentos bebiam; e também era dali que a casa recebia a água para tudo. Ela diz que havia um cano da espessura de um lápis, por onde chegava a água... de vez em quando! Quando não conseguia um pouco da água que saía do cano, era da mesma água que os cavalos e as ovelhas bebiam que ela tinha de usar para tudo. Inclusive para beber. Tinha de colocar a água em uma panela e a ferver, ferver, ferver, até que estivesse certa de que havia matado tudo o que precisava morrer, para que estivesse em condições de uso.

Quando ainda não tinha a pequena cama, estendia o colchão no chão, e tentava dormir. Não havia luz no quarto; apenas uma vela. Tinha de dormir cedo por causa do frio e da altitude. E, então, numa daquelas noites, ela acordou com alguém lhe chamando:

– *Nazareth, acende a vela*! Ela pensou: *Acender a vela para quê?* Não se importou. Cobriu a cabeça e virou para o outro lado. E outra vez ouviu: *Nazareth, acende a vela!* Então ela pensou: D*eve ser algum espírito que está me perturbando*. Ficou quieta. E novamente: N*azareth,acende a vela*! Ela falou: *Sim vou acender!* Ela deixava a vela e o fósforo perto do colchão. Passou a mão, alcançou a vela e o fósforo, riscou e acendeu. Então, para seu desespero, viu que estavam vindo para a sua cama uns cinco bichos barbeiros. Esses bichos transmitem a doença de Chagas, e eles iriam subir no colchão dela e picá-la. Foi o Anjo do Senhor que a chamou! Ela pegou o chinelo e os matou. No outro dia descobriram que eram os que têm barriga vermelha, que são venenosos e que, quando picam, a doença se manifesta mais rápido e com muita força. Há outro tipo com outra cor, que quando pica uma pessoa, pode demorar até dez anos para aparecer a doença. Aqueles bichos barbeiros iriam ceifar a sua vida. O diabo queria acabar com ela, mas o Senhor não permitiu. Ela louvou a Deus, porque o Senhor mandou o Seu Anjo para acordá-la. Ela diz que na terceira vez que o Anjo a chamou, ele deu um grito: *NAZARETH!*

A comida era muito escassa. O que havia para comer, quase sempre, era batata. Via de regra, comia-se batata de manhã, ao meio dia, e à noite. Não havia hortaliça, e as frutas eram bem poucas. Preocupado com isso, perguntei à Nazareth:

– *Você comia muito mal nessa época, não é verdade?* Ela respondeu:

– *Eu quase não comia; eu fazia jejum constantemente. E para enfrentar a luta espiritual nesses lugares, só jejuando muito*. Perguntei:

– *E você nunca ficou doente*?

– *Não,* disse ela, *nunca. Deus me guardou em todos aqueles anos.Venci fisicamente e venci espiritualmente. Mas foi o Senhor; do contrário eu não teria sobrevivido ao frio, à falta de alimentos mas, sobretudo, à intensa luta espiritual.*

A luta espiritual em lugares como este é de fato terrível. As trevas espirituais são de uma dimensão inimaginável. O poder demoníaco operando na idolatria, na feitiçaria e nas superstições é quase insuportável para um servo ou serva de Deus. A missionária estava invadindo esse território totalmente dominado pelas forças das trevas. Os ataques são constantes. Ataques contra o físico da pessoa, podendo atingi-la com enfermidades. Ataques na alma, atingindo as emoções, sentimentos, vontade. Ataques no espírito, roubando a alegria do Senhor do coração. São ataques que perturbam a fé, a comunhão com Deus, dificultam a leitura da Bíblia, a oração, e podem levar a pessoa ao desespero espiritual. Só um vaso muito bem formado suporta a batalha espiritual que se abate sobre ele em um campo missionário como esse. É por isso que temos de preparar muito bem aqueles que vamos enviar para territórios como esses. E, de preferência, nunca enviá-los sozinhos. Jesus enviou os discípulos de dois em dois. Este é o mínimo. Pelo menos dois, porque se um cair, o outro o levanta.

E é por essa razão que poucos se aventuram a entrar em um campo de batalha como era Tarabuco naqueles dias. E até nos dias de hoje. Quantos estão lá para levar o amor de Deus àquela pobre gente? Quem se aventura a ir como missionário para um lugar como esse? O que atrairia alguém para trabalhar ali? Ainda mais sozinho ou sozinha, sem o apoio de uma esposa ou de um esposo, ou de companheiros e companheiras com o mesmo grau de auto-renúncia e da força de Deus para juntos, então, combater as forças espirituais que aprisionam os habitantes de regiões como essa. É bem da maneira que nos ensina o missionário Paulo. Inspirado pelo Espírito Santo, mas também como resultado do seu trabalho missionário em áreas como essa, ele doutrina os crentes de Éfeso sobre a guerra espiritual:

> *A nossa luta não é contra seres humanos, mas contra os poderes e autoridades, contra os dominadores deste mundo de trevas, contra as forças espirituais do mal nas regiões celestiais. Por isso, vistam toda a armadura de Deus, para que possam resistir no dia mau e permanecer inabaláveis, depois de terem feito tudo* (Efésios

6.12,13).

A graça de Deus envolveu a Nazareth de um modo muito especial naqueles dias. Não fosse isso, ela teria desistido daquele trabalho logo nas primeiras semanas. Ou teria sido atingida pela fraqueza física, ou por enfermidades, ou por acidentes provocados por demônios. Ou, ainda, teria sido acometida por sentimentos perturbadores, como a carência de afeto, o sentimento agudo de perceber-se sozinha, abandonada, entristecida. Muitos não sobrevivem em situações como essa. Não ter ninguém à altura para conversar, para desabafar, para se apoiar é terrivelmente perturbador em campos missionários desse tipo. Sim, ela teria desistido rapidamente. Mas o Senhor a sustentou e ela continuou no campo de batalha. E, sem dúvida, seu caráter enrijecido pelas lutas enfrentadas na sua infância, na adolescência e na juventude, foi fator decisivo nessa guerra.

Aquela vez em que quase morreu, junto com um grupo de campesinos, em um caminhão que os levava de Sucre para Tarabuco, é um exemplo vivo dessa luta espiritual. Ela havia, naquele dia, conseguido um lugar na cabine do caminhão, a condução usada para o transporte de passageiros para Tarabuco. Não era sempre que isso acontecia. Às vezes tinha de viajar na carroceria, junto com os campesinos e todas as suas compras, e, quase sempre, com animais também. Nesse dia, contudo, estava viajando na cabine. Entre ela e o motorista viajava uma jovem campesina.

Ela diz que estava falando de Jesus para os dois, enquanto o caminhão ia vencendo a estrada com tantos buracos, pedras, e outras dificuldades mais. De repente, o motorista vacilou um pouquinho; o suficiente para que o caminhão resvalasse para fora da estrada estreita, com um precipício à sua direita. Os campesinos, assustados, gritaram amedrontados, vendo a morte bem ali. A Nazareth, na cabine, também gritou. Mas o seu grito era diferente. Na verdade ela clamou com um grande grito: *Jesus, segura*. E ela garante que Jesus segurou. As rodas da direita do caminhão ficaram no ar. As da esquerda, também levantadas, e o caminhão apoiado em um barranco, embaixo dele. Ela podia ver à direita, bem ali, bem embaixo dela, o precipício. Um pouquinho mais e o caminhão tombaria. E isso seria fatal;

não escaparia da morte. Mas, enquanto o caminhão balançava, os campesinos pularam rapidamente, e começaram a segurá-lo e a puxá-lo de volta para a estrada. Enquanto isto o motorista conseguiu descer. E também a jovem desceu. Só então a Nazareth podia descer, pois sua única saída era a porta do motorista, pois a porta da direita dava exatamente para o precipício. Aqueles minutos de medo e desespero pareciam não terminar. Entretanto, por fim ela estava com os pés no chão da estrada, vendo os campesinos se esforçarem para puxar o caminhão de volta; o que, de fato, conseguiram.Depois de impedir que os passageiros do caminhão matassem o motorista, a Nazareth conseguiu que todos voltassem ao caminhão para seguirem viagem. Nesta altura, estavam tão agitados, e tão enfurecidos, que se lançaram sobre o motorista para matá-lo. A Nazareth também estava muito agitada e nervosa demais. Não se podia esperar dela outra coisa senão a reação natural do choro. Mas, tirando forças da fraqueza, ela gritou para eles: *Calem a boca*! E eles calaram. Aí, ajudada por um jovem que falava castelhano, ela continuou gritando: *Acaso vocês morreram*? *Estão todos vivos. Por que querem matar o motorista*? *Vocês têm que dar graças a Deus porque ninguém morreu. Suas mercadorias estão todas aí. Nada se perdeu. Subam já no caminhão, rápido, calados! Não quero ouvir uma palavra*! E um a um, todos calados, aqueles homens rudes e fortes foram subindo no caminhão, como um rebanho obediente à voz da mulher de Deus, que eles tinham o privilégio de ter com eles. Ali estava, sem dúvida, uma representante do céu, que podia trazer para eles um pouco da luz de Jesus.

Eu fico pensando: *Meu Deus, de onde vem essa energia? De onde vem essa disposição? Como é possível uma mulher estrangeira exercer esse tipo de autoridade, e controlar uma situação tão caótica como essa*? E mais ainda: *Como esse caminhão não despencou ladeira abaixo, matando todos naquele precipício? Será que isso só não aconteceu porque estava ali uma mulher conhecida no céu? Uma serva acostumada a andar com o seu Senhor, se fortalecendo nas longas horas de oração, nos jejuns, no aprendizado da Bíblia*? *Uma mulher conhecida pelos anjos? Sim, alguém que o céu queria preservar para que a salvação, a libertação e a cura chegassem naquela região desesperadamente necessitada da luz do Evangelho.*

Uma intervenção divina como essa, primeiro impedindo que os demônios matassem a missionária, junto com toda aquela gente e, depois, impedindo que eles linchassem o motorista, só pode ter origem no Deus Eterno, o Todo-poderoso. Em Sua força; em Seu poder. É também uma intervenção reveladora de como as forças das trevas agem contra aqueles que ousam atravessar as suas fronteiras para levar a luz do Reino de Deus para territórios dominados pelas trevas da perdição.

Na verdade, esse acidente poderia ter causado a morte do terceiro brasileiro que tem trabalhado naquela área. A primeira foi a esposa do Missionário Waldir, o primeiro missionário enviado por nós para a Bolívia. O segundo foi o Hélio, um jovem que estudou conosco e também foi trabalhar na Bolívia. A Nazareth seria a terceira. O Senhor a protegeu e a temos tido durante todos estes anos, em sua luta constante para arrebatar a quantos puder do caminho da perdição. *O Diabo queria fazer isto*, diz ela. *Mas não conseguiu!*.

Capítulo 6

O Deus da Provisão

Eram dias de crise avassaladora na Bolívia. Crise política, pois tinha havido um golpe de estado. A confusão em todo o país era muito grande. Mas, além disso, estava havendo uma seca que durou dois anos. Não choveu nesse período e, por isso, não se conseguia produzir nada. Havia muita fome. Nos mercados não se encontrava quase nada para comprar.

Certo dia, de manhã, a Nazareth e a Maura estavam sentadas na frente da casa conversando, quando viram duas pombinhas pousadas nos fios de eletricidade da rua. A Nazareth disse para a Maura:

– *Maura*! *duas pombinhas*! *Vamos procurar uma pedra e tentar acertá-las, assim teremos um pouquinho de carne.*

Contudo, enquanto procuravam a pedra, a caça voou. As pombinhas se foram. As irmãs ficaram desoladas. A esperança acabou tão rápido. Isso aconteceu numa sexta-feira. No sábado, por volta das onze horas da manhã, alguém chamou lá no portão. A Nazareth foi atender e viu que era a hermanita Olga, que trazia alguma coisa em sua mão. A Olga disse à Nazareth:

– *Hermanita amada*! *Como está*? E logo foi completando:

Sabe, hermanita, eu vim trazer uma coisa para você. Não sei se a irmã vai gostar, mas Deus colocou em meu coração trazer isso para você. A Nazareth respondeu:

– *Irmã, se foi Deus quem colocou no seu coração, Ele sabe o que eu preciso. Então, me dá logo*. E a hermanita Olga respondeu:

– *Hermana,eu tenho vergonha. Mas toma*! A Nazareth abriu a vasilha e lá estavam dez pombinhas já bem limpinhas. Tiradas as penas e lavadas. A Nazareth perguntou:

– *Que é isso*? E a irmã Olga disse:

– *São codornizes. Meu pai foi caçar e trouxe bastante. Enquanto eu as limpava, não saia do meu pensamento: vou levar um pouco para a irmã Nazareth. Você gosta, irmã*? *Você aceita*?

A Nazareth recebeu o presente, e quase chorando, contou-lhe das duas pombinhas do dia anterior. A hermanita Olga, contagiada com aquele momento de emoção, gratidão a Deus, e certeza de que o Pai cuida também dos desejos dos Seus filhos, meio anestesiada, perguntou:

– *Hermanita, você sabe fazer*? *Já estão temperadas*! *Eu posso fritar para você. Quer*? Então a Olga entrou na cozinha e fritou parte das codornizes. Foi um banquete aquele almoço. Na verdade, foi um grande milagre. Um daqueles MILAGRES QUE SÓ O DEUS ETERNO SABE FAZER!

Mas a Nazareth deixou fritar só uma parte. As codornizes precisavam render para a tarde, para o dia seguinte e, se possível, não acabar. Mas acabaram. E voltou a vontade de comer carne. E a vontade foi aumentando sob a pressão do sentimento da falta. É assim mesmo, a ansiedade nestas horas faz aumentar a vontade. Vontade de comer bastante carne. E aconteceu outro milagre. A Nazareth falou com Deus, só no pensamento: *Senhor, como eu vou fazer? Lá no Brasil eu comia tanta carne. Eu sei que o Senhor mandou carne para Israel, lá no deserto. Eu sei que o Senhor ficou irado com eles, porque eles pecaram quando a carne chegou. Mas, Senhor, não estou murmurando. Se não tem, não tem. Eu só estou lhe falando. Se o Senhor quiser, amém! Se não quiser, amém também*!

No domingo, ao terminar a reunião da manhã, ao saírem da igreja, a irmã Leonor falou com a Nazareth:

– *Entra aqui*. Logo veio aquele questionamento na mente da Nazareth: *Quando nos chamam assim, é algum problema. Eu não estou com vontade de orar por ninguém agora. O que será que ela quer*? A irmã Leonor estava com as três filhas e o marido. Ela disse:

– *Vou levar você a um lugar*. E a Nazareth continuou pensando que ela as estava levando para orar por alguém com algum problema. O esposo tomou a direção do centro de Sucre, e parou o carro na frente de um portão grande, em uma rua estreita. Quando entraram, a Nazareth descobriu que estavam na residência de um boliviano que tinha ido estudar no Brasil. Comemorando a volta, sua família havia matado uma vaca. *Havia carne pra chuchu*, diz a Nazareth. À medida que serviam, ela e as companheiras comiam uma parte, e logo já vinham servindo outro "pedação". Então, o que havia sobrado do pedaço anterior, colocavam numa sacola, providencialmente trazida. Era a garantia de que teriam um pouco de carne para os próximos dias. Os outros estavam comendo churrasco com milho cozido, salada de batata, tomate e vagem. Mas estas brasileiras não estavam interessadas em nada mais, a não ser no churrasco. Queriam comer carne. E comeram até se fartar. E ainda saíram com a sacola cheinha para levar para casa. É verdade! Coisas que só o Deus Eterno sabe fazer!

Em meio a toda aquela crise na Bolívia, havia também uma crise econômica no Brasil, o que levou as autoridades brasileiras a proibirem a remessa de dinheiro para o exterior. Além de pouco, era difícil fazer chegar às mãos dos missionários as contribuições dos seus mantenedores. Para enviar aquele pequeno sustento para os obreiros na Bolívia, era necessário transferir os recursos para Corumbá e, dali, irmãos da Assembléia de Deus se incumbiam de fazer esses recursos chegarem aos missionários em Sucre. O que chegava, além de demorar, não era suficiente.

Para complicar um pouco mais, o proprietário da casa que alugavam queria receber o aluguel em dólares. Impossível. Ele disse:

– *A situação está muito difícil; eu gosto de vocês, mas se vocês puderem me pagar em dólar... Eu também queria aumentar o valor do aluguel.*

Essa casa era longe do centro, no Bairro Petrolero. A Nazareth saia de casa às quatro e meia da madrugada para ir orar com as irmãs, na igreja, às cinco horas. Numa dessas manhãs, saindo da oração, a Nazareth encontrou-se com uma irmã cujo esposo trabalhava na empresa ferroviária. Eles tinham um filho e uma filha, e o filho tinha um problema no coração. Aquele órgão vital estava crescendo e precisava de uma cirurgia. Ela disse para a Nazareth:

– *Vou lhe pedir um grande favor. Nós temos que levar nosso filho a Cochabamba. Vamos levar nossa filha também. Será que vocês podiam ficar em nossa casa, cuidando de tudo*?

Na verdade, o grupo estava orando por uma casa. Não dava mais para ficar onde estavam. Chegando em casa, a Nazareth falou com as moças:

– *A irmã Carmem ofereceu a casa dela por quinze dias; mas, e depois, para onde vamos*? Como estavam sob a pressão do proprietário, sabiam que tinham de desocupar a que alugavam. Aceitaram e se mudaram, levando malas, bolsas, e todos os seus pertences.

Na despedida da família, os missionários oraram pelo menino com o problema no coração, pedindo que o Senhor o curasse. Quem sabe nem precisaria da cirurgia. E, de fato, no terceiro dia, a irmã telefonou de Cochabamaba, muito feliz. Novos exames médicos mostravam que o coração do menino estava normal. Assim, por um lado os missionários estavam felizes também – Deus havia curado o garoto! Mas, por outro, estavam preocupados. Para onde iriam agora? Eles queriam que a família ficasse lá mais tempo. *Jesus, se eles voltarem agora, o que vamos fazer*? *Que bom, irmã. Glória a Deus; o Senhor ama vocês. Ele ama seu filho também*. E de outro lado: *Jesus, ajuda-nos a encontrar a solução da casa para residirmos.*

Um ou dois dias depois, a Nazareth encontrou outra irmã na rua, que lhe disse:

– *Irmã Nazareth, eu sei que vocês cuidam de casas. Sei que estão tomando conta de uma casa agora (Oh, Jesus! O Senhor mudou o nosso ministério?). Por que, irmã*? Resposta:

– *Sabe, a minha irmã que mora em La Paz mora sozinha e está doente. Ela tem uma loja. É só ela para cuidar dos negócios.Por isso, tenho que ir com o meu marido para lá, para ajudá-la. Então, vocês poderiam ficar morando na nossa casa? Não precisam pagar nada. Podem usar tudo: geladeira, fogão, tudo! Podem usar o telefone também!*

Imagine a festa quando a Nazareth contou o milagre para as companheiras! E assim se mudaram para a outra casa, totalmente providenciada pelo Senhor. Havia até uma piscina que elas poderiam desfrutar. E a irmã prometeu que mandaria o dinheiro para pagar as contas de água e de luz. Infelizmente aquela bênção iria durar pouco mais de um mês e, então, precisariam de outro milagre.

E bem no final do mês a irmã telefonou de La Paz. *Que susto! Será que ela vai pedir a casa de volta?* A Nazareth perguntou:

– *Irmã quando você virá*? A irmã, pensando que elas estavam querendo que ela voltasse logo, pediu preocupada:

– Será que *vocês poderiam nos fazer um grande favor*? *A minha irmã continua enferma; não podemos voltar agora*; *por favor, não podem ficar mais um mês*? E assim elas foram ficando mais um mês, mais um mês, mais um mês...

– *Na verdade, ficamos mais de dois anos,* diz a Nazareth. MILAGRES QUE SÓ O DEUS ETERNO SABE FAZER!

Mas justamente nessa casa tinha que acontecer um acidente com o botijão de gás, que poderia ter destruído tudo. Naquele dia a Nazareth estava jejuando. A Joana estava preparando o almoço para um visitante muito importante. O seu futuro esposo viria almoçar com ela. Porém, o gás acabou. Alguém teria de tomar providências para buscar outro botijão. E como a Nazareth não queria deixar a oração para ir resolver o assunto, a Joana pediu a um garoto, filho da vizinha, que a ajudasse. Trouxeram o botijão, e ele bondosamente a ajudou a colocar no lugar. Em seguida, foi fazer um teste. Mas, por alguma razão, o fogão pegou fogo, e o fogo aumentou rapidamente. A Joana correu para avisar a Nazareth:

– *Nazareth, está pegando fogo na cozinha*. Ela saiu correndo, levando um cobertor para abafar o fogo. Deveria ter passado na piscina e molhado o cobertor, mas se esqueceu desse pormenor. (*E olha que na empresa em que eu trabalhava, eu havia feito o curso de bombeiro*, diz ela). No desespero, ela jogou o cobertor sobre o fogão, para apagar o fogo. Ficou pior, pois o cobertor incendiou-se. As chamas ficaram mais altas e começaram a alcançar outras partes da cozinha. Assim, desesperada, ela correu para fora e gritou por socorro.

Por causa do cobertor, a fumaça aumentou muito. Os vizinhos viram a fumaça e ouviram os gritos da Nazareth. Logo vieram para ajudar. Aquelas pessoas trouxeram baldes das suas casas e, com eles, pegavam água da piscina e corriam para a cozinha. E a Nazareth estava fazendo o mesmo. Ia correndo para pegar água na piscina – e orando, aos gritos, clamava: *Jesus, tem misericórdia*! *Jesus, socorro*!

Já haviam quebrado os vidros da janela da cozinha e, por ali, uma pessoa estava tentando jogar água com uma mangueira, muito fina. A Nazareth diz que era tão grossa quanto um lápis! Não adiantava nada. No meio de toda aquela confusão, um bombeiro que estava passando na rua e viu o incêndio, veio ajudar. Como era um homem de experiência com fogo, percebeu logo que as pessoas estavam correndo perigo e, então, gritou da porta:

– *Saiam rápido*! *O botijão vai explodir*! *Saiam*! Todos saíram, menos a Nazareth e a Joana, preocupadas com a casa entregue a elas para cuidar.

– *Irmã Nazareth*, disse a Joana, já chorando, *a casa não é nossa*. *Esse homem está dizendo que o botijão vai explodir*. *O que vamos fazer*?

– *O que vamos fazer*? Respondeu a Nazareth, *Espere aí*. Ela pegou aquela mangueirinha, da espessura de um lápis, estendeu seu braço pela janela para que a ponta da mangueira ficasse o mais próximo possível do fogão, e gritou: *Diabo, saia daí agora mesmo, em nome de Jesus*. *Fora deste lugar*. *Saia; saia já*!

E o fogo apagou misteriosamente. Parecia que um vento havia soprado e feito o fogo apagar. As pessoas que ouviram o grito da Nazareth com o diabo ficaram admiradas e, pouco a pouco, foram se aproximando para ver o que havia acontecido. Tanto fogo e quase nada foi destruído. Mesmo uma mesinha de madeira, que estava perto do fogão, só queimou por baixo. Por cima, nada. Aquele fogo poderia ter destruído muita coisa na cozinha. O botijão de gás iria explodir se o fogo continuasse mais um pouco. O fogo poderia alastrar-se por toda a casa, incendiar tudo, e destruir tudo. Era como Jesus no barco, com os discípulos, com aquela tempestade horrível que iria afundar o barco. Os discípulos, amedrontados, clamaram a Jesus. Ele levantou-se no barco, repreendeu o vento e mandou o mar acalmar-se. Tudo voltou ao normal rapidamente. Então Jesus mostrou Sua frustração com os discípulos.

Por que vocês duvidaram? *Por que não deram uma voz de comando*? *Por que precisaram pedir a Mim para fazer o que vocês deveriam ter feito*?

Nessa altura havia muitas pessoas na cozinha, na sala, por toda a parte. Todos ajudando a limpar. Não só estavam tirando a água do piso e enxugando o que havia sido molhado com tanta água que veio da piscina, mas também retirando a areia. É que no quintal havia um monte de areia de construção, e alguns haviam trazido a areia e jogado sobre o fogão, na tentativa de ajudar a apagar o fogo. Tinha sido um desespero. Havia areia espalhada por toda a cozinha e outros lugares. Agora, alegres e felizes, todos queriam colaborar para colocar a casa em ordem.

A Nazareth e a Joana estavam muito agradecidas; primeiro a Deus, por uma libertação tão grande, depois aos vizinhos, que tinham sido tão solícitos, e por continuarem ali ajudando a colocar tudo em ordem. Então as duas fizeram um chá e serviram para eles. Uma coisa tão simples, mas queriam mostrar-lhes todo o agradecimento que sentiam. Gostariam de ter um bolo para todos, ou pelo menos bolachas, mas não tinham. Só um chá, pois era tudo o que tinham naquele momento. Contudo, esse chá foi tomado como uma festa de camaradagem e gratidão.

Em meio a tudo isso, a Nazareth estava se lembrando da oração que havia feito lá no quarto, menos de uma hora antes, em seu jejum. Ela não havia ido tomar a providência do botijão, quando o gás acabou, porque estava orando. Havia consagrado aquele dia para jejuar e orar. Então, sozinha com o Senhor, lá no quarto, falou com Ele do seu desapontamento com o culto que faziam na casa uma vez por semana. Ela é uma pessoa muito franca. Acho que lhe é quase impossível não falar o que pensa e o que sente, tanto com as pessoas como também com Deus. Fico admirado de como a Nazareth tem coragem de dizer algumas coisas tão duras e diretas para Deus. Então, sozinha com o Senhor, orando lá no quarto, ela falou com Ele:

– Deus eu já estou desanimada com este povo. Já convidei todas as vizinhas para virem ao culto aqui em casa. Não vem ninguém. Nem uma pessoa. E também estou cansada desse cultinho. É muita frieza. Muita formalidade. Estou chateada, desanimada, não agüento mais. Por favor, faça alguma coisa para esse povo vir.

Não demorou muito e a Joana entrou, apavorada, gritando:

– Nazareth, está pegando fogo na cozinha.

Tudo isso voltava à sua mente enquanto servia o chá de gratidão aos seus vizinhos. Então lhe veio um pensamento: *Vou convida-los para um culto de ação de graças por este grande livramento.* E, ali mesmo, ela os convidou. Todos, bem alegres, prometeram que viriam. E no dia e hora marcados lá estavam muitos deles. A casa ficou cheia. Daqueles que vieram, vários aceitaram a Jesus naquela noite. E, a partir daí, o relacionamento com os vizinhos foi sendo cada vez mais abençoado. Vários deles foram salvos.

Milagres que só o Deus Eterno sabe fazer! Ele responde as orações movidas pela fé. Fé que ora e trabalha. Gosto disso. Eu me dou bem com pessoas que oram como se tudo dependesse de Deus, e que, ao mesmo tempo, trabalham como se tudo dependesse inteiramente delas. Não sei onde essas pessoas conseguem tempo para orar tanto e trabalhar tanto, mas o fato é que conseguem, e Deus as abençoa de um modo muito especial. A Nazareth é assim, e é isso o que me cativa. Leia este diálogo que tive com ela, e diga se não é puro dinamismo, alicerçado em uma fé vigorosa.

Eu lhe perguntei:

– No meio de todas estas lutas, eu soube que o pastor daquela igreja tinha má vontade para com você. Parece que ele não gostava de você.

– Esta era a igreja da Rosinha, da Primitiva, e de outras amigas minhas. Ele tinha ciúmes de mim. Ele criticava até o jeito que eu orava. Até conseguiu colocar o marido da Primitiva contra mim. Mas eu estava sempre orando e, no final, me saia sempre bem. Mas ele implicava com tudo que eu fazia; proibia as irmãs de falarem comigo, e tinha outras atitudes negativas, mas não sabia explicar por que, pois não havia motivo. Eu fazia tudo para ajudá-lo. Até cuidava do filhinho dele. No dia em que eles chegaram de viagem, do Chile para a Bolívia, o ônibus no qual estavam vindo tombou. A esposa estava grávida e não sabia. Ela teve uma hemorragia. Estávamos na casa da irmã Ana Rosa, almoçando, quando a mulher se sentiu mal e a levaram para o hospital. O filhinho deles ficou comigo.

– E o que aconteceu com a esposa dele?

– Ela precisava de uma cirurgia, e uma doutora que não sabia nada, fez a cirurgia. Ela quase matou a mulher. Foram fazer curetagem e perfuraram o útero da paciente. E, sem saber, fizeram curetagem no intestino.

– Disseram que o intestino começou a sair.

– Estavam retirando o intestino pensando que era o bebê!

– E a mulher ia morrer?

– Sim, mas Deus a livrou. Nós oramos tanto!

– Eu soube que o médico disse que não tinha mais jeito, porque faltava um pedaço do intestino. Vocês oraram sobre isso?

– Oramos muito, porque o intestino dela foi saindo. Eles foram raspando e retirando. Fizeram uma buraqueira na barriga da mulher.

– E depois, o que aconteceu?

– Ela continuou no hospital, quase morrendo, e eu fiquei com o filhinho deles durante um ano. Cuidava dele como se fosse meu filho. Comprei aquele suporte que a mãe coloca no pescoço, para a criança ser levada na frente da mãe, sentadinha nele. Por onde eu ia pregar, carregava o bebê comigo. Levava ao médico, comprava remédios, pois o pastor não tinha condição de cuidar dele.

– A mulher sarou?

– Ela teve que fazer outra operação e teve de ficar com a

ferida aberta e usar uma bolsinha.

– E o intestino dela? Eu soube que Deus fez um milagre.

– O intestino dela se refez e hoje funciona normalmente.

– E o que mais aconteceu?

– Depois de um tempo eu devolvi o bebê. Em razão de ela ter sido curada, as pessoas me procuravam muito em busca de oração. E continuavam na igreja. E eu pregava, dirigia a escola dominical, trabalhava bastante na igreja. Entretanto, ele estava sempre com ciúmes. Não na minha frente. E, assim, aconteceram muitas outras coisas ruins, até que o superintendente da denominação veio de Santa Cruz e o transferiu. Praticamente todos na igreja sabiam que eu era inocente. Eu fazia o melhor que podia.

– Foi nesta época que você foi para a Alemanha?

– Não, nessa época eu fui para Portugal.

– E demorou uns três meses?

– Não, demorei muito mais que isso. Pensei que não voltaria mais, pois não queria mais ficar nessa igreja, e também não queria causar divisão no corpo de Cristo.

– O que aconteceu quando você voltou?

– A irmã Jerry, esposa do pastor Orlando, da Assembléia de Deus Central, pegou os meus pertences (eu morava na casa da irmã Primitiva) e levou para a casa dela. Eu cheguei na casa da Primitiva e minhas coisas não estavam mais lá. A irmã Jerry havia arrumado um quarto na casa dela para mim. Porém, eu disse: *eu não vou assim*. *Por mais que seja uma boa oferta, eu irei aonde Deus me mandar*. *Eu não vou não*! E ela disse: *Como não vai*? Primeiro e*u vou jejuar*! Disse. Então jejuei sete dias, só tomando água. E eu vomitava muito. Nunca aconteceu isso comigo.

– Foi quando a Primitiva estava grávida?

– Sim, foi.

– Ela me contou isso. Ela disse que a gravidez dela pegou em você! Ela estava bem; era você quem vomitava.

– Eu nem sei por que eu vomitava.

– A esta altura você já estava sozinha aqui? O Helio já havia falecido?

– Eu estava só. Não estava nem a Joana, nem a Maura. Só

eu. O Hélio havia se casado. Algum tempo depois ele morreu aqui. A Joana já tinha casado. A Maura também já havia voltado. Elas voltaram para o Brasil.

– O pastor foi embora. E ele voltou para pedir perdão a você?

– Ele veio e até fez uma foto minha com o menino dele. Ele o trouxe para me conhecer. Eu era como vovó dele.

– Onde ele morava nessa ocasião?

– No Chile.

– Ele veio do Chile para lhe pedir perdão?

– Primeiro ele pediu perdão sabe onde? Ele se encontrou comigo no aeroporto e ali ele conversou comigo e me pediu perdão. Depois veio com o filho dele até aqui.

– E a mulher dele sarou? Ela está bem?

– Está!

– Você se lembra de um menino que a Rosa e o Carlos mostraram na fotografia?

– Um menino que diziam que era cego?

– Sim, me disseram que ele era cego e que tinha uma demência. Como é que foi essa historia?

– Lembra-se de que falei que a Rosinha não tinha casa? Pois ela conseguiu comprar uma. Entretanto, para comprá-la precisava de um empréstimo do banco, e o gerente lhe dizia: *Vá falar com tal pessoa que eu sei que ela tem dinheiro*. Ela ia lá e a pessoa dizia: *Ah! não tenho*! Ela precisava de 150 dólares para depositar no banco, pois só assim poderia sacar o empréstimo. Falei para ela: *Eu não tenho esse dinheiro*; *se tivesse, eu o daria a você*. Naquele dia fui ao correio ver se havia correspondência. Recebi uma carta com 150 dólares. Foi a Malu quem tinha enviado para mim da França. Fui direto à casa da Rosinha e entreguei os 150 dólares para ela. Eu dei, não emprestei. Ela foi ao banco, e depositou. Contudo, era necessário que o funcionário fosse fazer a avaliação para liberar o empréstimo. Então a Rosinha orou: *Senhor, faz essa casa ficar bem bonita na frente desse homem, senão ele não vai liberar o dinheiro*. A casa não tinha nada. Era quase toda de barro, feita de adobe. O funcionário chegou, olhou a casa e disse: *Isto aqui é muito bom*! *Vamos lá fazer o empréstimo*. Começamos a fazer culto do lado de fora dessa casa. Eu fazia e também os ensinava a fazer. Tinha mais uma menina que ajudava também e as crianças do bairro vinham todas. Entre essas crianças estava esse menino que era cego. A mãe não queria vir, por isso só o menino que vinha. Ele era completamente cego, mas foi curado. Eu orei por ele e ele foi curado.

– Lembra-se de que você me falou de uma Bíblia que você queria muito, e quem a ganhou foi o Hélio? Que Bíblia era essa?

– Era uma Bíblia de estudo; a Bíblia Thompson. Ninguém tinha, e eu queria muito uma para mim.

– Foi um missionário americano que a trouxe?

– Ele trouxe várias bíblias destas para vender. Umas dez bíblias. Só sei que ele deu uma para o Hélio. Um dia ele me disse: *Nazareth, venha ver a Bíblia que eu tenho.* E me mostrou algumas páginas... Eu disse: *Que beleza! Como é que eu faço, eu também quero!* Ele falou assim: *Não tem mais*! Eu disse: *Como não tem mais?* E ele respondeu: *Foi o pastor que trouxe, não tem mais*. Tornei a dizer: *Não pode ser! Eu quero uma Bíblia desta para mim. Vamos falar com o pastor?* Fomos, mas não tinha mais, e eu fiquei muito triste. Eu vivia pregando para todo lado e eu queria muito uma Bíblia de Estudo.

– E então, você orou? Você falou com Jesus?

– Eu falei com Ele que eu queria uma Bíblia daquela. Eu pensei: *Por que o Hélio ganhou e eu não?* Aquela atitude foi mais uma reclamação do que uma oração.

– Mas você reclamou para Jesus?

– É claro! Para Jesus. Toda a minha vida eu sempre falei com Ele. Eu não falo para ninguém. Eu nunca falei para uma pessoa daqui que eu não tinha dinheiro, que eu não tinha comida. Nunca! Nunca falei. E nem falei na missão. Eu sempre contei as bênçãos para os outros. Contudo, quando é necessário, eu reclamo para Jesus.

– E o que aconteceu?

– Em um daqueles dias eu passei em frente de uma livraria. Uma livraria nova naquele lugar. Eu nem conhecia a proprietária direito e nem ela me conhecia. Mas, quando eu passei, ela saiu na porta, e disse: *Oi, Nazareth*! Eu olhei para trás, e ela disse: *Você é a Nazareth*? E eu respondi: *Sou*. Disse ela: *Então, venha aqui*. Eu pensei: *O povo só me chama para orar.* Pensei que era para orar. Entrei na loja e ela me levou para onde havia prateleiras com várias Bíblias. Ela pegou uma delas e trouxe. Estava trazendo uma Bíblia de Estudo, mas não era a que eu queria. Não era a Bíblia Thompson. E o Espírito Santo disse para ela, no meio do caminho: *Não é essa não*! Ela parou, deu meia volta, colocou aquela na prateleira, e pegou a que tinha que ser, e disse: *Que coisa, hein! Você é querida de Deus hein! Eu estava dando aquela Bíblia Viva para você. Você viu que eu voltei?* Uma voz dentro de mim me disse: *Não é essa, volte*! E ela me disse que Deus me amava muito. Eu queria que ela fizesse uma dedicatória na Bíblia. Ela recusou: *Não senhora! Não posso! Não posso por um autógrafo como se eu estivesse lhe dando...foi Deus quem mandou lhe dar!*

– Mas ela não explicou como o Senhor falou com ela para dar a Bíblia? Quando ela chamou você... o Senhor já havia falado com ela?

– O Senhor tinha falado para ela dar uma Bíblia para a Nazareth. Agora eu não lembro se ela sonhou... eu não sei como foi ... disse que estava me procurando e que Deus tinha falado com ela. Nesse dia que passei em frente da livraria, ela me viu e me chamou.

– Fale mais um pouco daquele período de crise no país, quando não havia comida.

– Aquela era uma época de fome, e muitas dificuldades. Vivíamos na casa a Maura, a Joaninha, o Hélio. Perto da piscina tinha uma horta, e eu comecei a fazer outra. Queria plantar sementes de verduras. Então, vi um matinho que nunca mais eu vi em nenhum lugar. Eu disse para as meninas: *Esse matinho tá tão verdinho que eu acho que vou fazer uma salada dele*. Eu queria comer uma salada e não tinha nada para salada. As irmãs disseram: Mas *você nem sabe que matinho é esse*! A Maura disse: *Parece que eu comi esse matinho, mas não tenho certeza se é esse mesmo*... Aí eu disse: Vou *experimentar. Vou lavar um pedacinho e vou comer; se eu morrer vocês me enterram; se não morrer, vamos todos comer matinho!* Então eu lavei um pouco do matinho, coloquei azeite e sal, e ficou bom. Elas ficaram olhando para a minha cara! Eu também estava esperando para ver se acontecia alguma coisa, e se dava pelo menos dor de barriga. Não deu nada. Comemos todo o matinho. Graças a Deus porque tinha bastante.

– Nunca ninguém explicou o que era o matinho?

– Não.

CAPÍTULO 7

Muita Oração e Muito Trabalho

Fiquei hospedado na casa da Nazareth, no PRADOS, em Sucre, durante uma semana. Neste período estava acontecendo o esforço de oração de noventa dias, com o propósito de ganhar almas. Todas as manhãs, das seis às sete, a Nazareth se reunia com irmãos e irmãs da igreja, e com o pessoal do PRADOS, para buscar ao Senhor.

O local da reunião era no segundo pavimento da sua casa. Na verdade, um apartamento com sala, quarto, cozinha, banheiro, que ela separou para oração. Fiquei impressionado logo na primeira manhã em que participei da oração. À medida que as pessoas iam chegando, se ajoelhavam e começavam a orar em voz alta. Um CD, com um hino muito especial, tocava sem parar, bem alto, o que ajudava as pessoas a se animarem para a oração. Vinte e cinco minutos de oração, ajoelhados, todos orando ao mesmo tempo, em voz alta. Com aquele CD fazendo um fundo musical desafiante, senti-me perfeitamente à vontade para orar, falar em línguas, cantar cânticos espirituais. Certamente o mesmo estava acontecendo com os demais irmãos e irmãs ali presentes.

Quando ela me falou dessa reunião, no dia anterior, pensei que iria encontrar meia dúzia de pessoas, como normalmente acontece em reuniões de oração como aquela. Especialmente sendo às seis da manhã. Mas me enganei. A casa estava repleta de irmãos e irmãs.

Durante uma semana participei das reuniões, todas as manhãs. Aos poucos fui identificando as pessoas. Eram mães, donas de casa, pais, jovens. Alguns só podiam ficar trinta, quarenta ou cinquenta minutos, pois tinham de sair para ir para o trabalho. Alguns funcionários e internos do PRADOS também estavam orando.

Posteriormente ela me explicou que a música era para ajudar as pessoas a orarem. Caso contrário, um ficaria ouvindo a oração do outro, e os mais simples ficariam inibidos de levantar a voz. Assim, todos oravam, sem inibição. Todos, ao mesmo tempo. Era realmente um barulho estimulante que ajuda a continuar orando.

Mas, naquela minha primeira noite, acordei por volta das três e trinta da madrugada, com um som ligado em seu quarto, em um volume mais baixo, de tal maneira que eu podia ouvir a voz dela, orando, cantando, exaltando ao Senhor. Não preciso dizer que não consegui voltar a dormir. A casa estava cheia da presença de Jesus. Orei, declarei a Palavra de Deus, cantei em línguas. Eu estava cansado da viagem e da noite anterior, por haver dormido muito pouco, mas me sentia motivado a continuar orando. E, então, um pouco antes das seis, subimos para a casa do segundo pavimento, onde já encontramos algumas pessoas orando. O hino "Se mataram os teus sonhos" fazia o fundo musical. E o estribilho tocava o meu coração: "Recebe a cura, recebe a unção, unção de ousadia, unção de conquista, unção de multiplicação".

Fiquei sabendo que naquele período ela estava se levantando às três da madrugada. Eu havia acordado um pouco depois, com o som da música em seu quarto, e prestando um pouco de atenção, ouvia-a orando, cantando, glorificando. Então, no dia seguinte lhe perguntei porque havia se levantado tão cedo. Ela me explicou que vem dando o dízimo do seu tempo para a oração pessoal. O dia tem vinte e quatro horas, e ela se propôs a orar duas horas e vinte e quatro minutos, todos os dias. É o dízimo das vinte e quatro horas. Na verdade, normalmente ora das cinco às sete e trinta da manhã. Mas, nestes três meses, com os noventa dias de oração, orando com o seu povo das seis às sete horas da manhã, tem que se levantar às três para orar até às cinco e quarenta e, então, subir para dirigir a reunião das seis horas. Eu só podia glorificar a Deus por essa disposição. Eu a observei naquela reunião das seis às sete. Ela a dirige todos os dias. Parece incansável. Chega, ajoelha-se, ora os vinte e cinco minutos como os outros, levanta-se, lê a Bíblia, dá uma mensagem de dez minutos e, em seguida, ministra a Ceia do Senhor. Tomei a Santa Ceia todas as manhãs naquela semana. Eles a tomaram nos noventa dias. Será que isso faz diferença? Creio que sim. Há um mover de Deus quando temos esse tipo de busca da Sua presença. E certamente é isto que dá brilho ao seu ministério: oração abundante, constante, dinâmica.

Ela não se importa com os outros quando está orando. Ora em voz alta. Talvez outra pessoa não fosse orar em voz alta naquela madrugada em que cheguei para me hospedar em sua casa. Sim, outra pessoa poderia mudar seu programa e seu jeito, mas não ela. Essa atitude, essa força, esse desempenho, faz dela uma pessoa vitoriosa em tudo que coloca as mãos para realizar para o Senhor.

Ao mesmo tempo, está sempre orando pelos outros, seja pessoalmente seja por telefone. Naquela semana em sua casa, vi como as pessoas a procuravam para que intercedesse por elas. Ela estava com pouco tempo, tendo que trabalhar comigo, atender os desafios do PRADOS e os da igreja que pastoreia. E ainda tinha de encontrar tempo para atender aos que lhe telefonavam. Sem dúvida, aquele ou aquela que está precisando do toque do poder de Deus, prefere buscar a intercessão do homem ou da mulher de Deus que todos sabem que gastam tempo com o Senhor.

Essa vida de oração e essa disposição de interceder pelas pessoas, levaram a Nazareth a fazer diferença na cidade de Sucre. Dos obreiros e pastores da cidade ela é a mais conhecida. É a mais procurada. É procurada também por pessoas das classes mais abastadas. Tem ao seu redor professores universitários e outras pessoas de projeção na cidade.

Todos têm problemas e dificuldades. Tanto a mulher mais humilde e pobre, como aquela que mora no centro da cidade, em uma mansão – ambas precisam da ação da graça de Deus em suas famílias, em seu trabalho, em suas finanças. E a Nazareth tem sido procurada por essas pessoas das camadas mais altas da sociedade.

Penso que a vida da Nazareth antes de se converter ajudou muito nisto. Ela não tem medo das pessoas. Relaciona-se bem com o pobre e com o rico. Fala com autoridade com o preso e também com o delegado. Sente-se à vontade no Palácio do Governo e não tem dificuldade em se relacionar com o professor universitário. Ao mesmo tempo, senta-se com o interno do PRADOS, que mal consegue se expressar, e o ajuda a levantar a cabeça.

Deus pode fazer grandes coisas em resposta à oração daquele que crê e trabalha. Isto é totalmente verdade na vida da Nazareth. Ela ora de forma dinâmica. Gasta tempo com Deus. Crê no Senhor de todo o seu coração. E trabalha; trabalha muito. Está sempre disposta a executar mais uma tarefa. Certa ocasião ouvi de uma senhora que teve a vida impactada pela Nazareth:

– *Eu a chamava à meia noite, às três da manhã, ao meio-dia; ela estava sempre disposta a me atender*. Essa senhora chama-se Silvia. Seu esposo, um médico, foi assassinado em São Paulo, por causa de um deslize. Estava em São Paulo para uma especialização e começou um relacionamento com uma jovem brasileira bem nova. Segundo a Silvia, o pai daquela jovem não gostou e mandou matá-lo.

Depois disso a Silvia, viúva, três filhos, enfrentou anos de lutas e dissabores na cidade de Sucre. Quando estava perdendo as forças, com a filha mais velha muito doente, e com muitos outros problemas, procurou a Nazareth. Ela começou a falar com a Silvia, uma católica sem Bíblia e sem Jesus. Intercedia por ela, visitava-a constantemente, até que ela abriu o coração para Jesus. Mas, em meio ao vendaval, às vezes chamava a Nazareth de madrugada para que orasse por ela, pelo telefone.

Convivendo com a Nazareth fico impressionado, desejando

saber de onde essa mulher de Deus tira tanta energia. Precisamos nos lembrar de que ela é uma jovem senhora de setenta anos de idade. Certamente o Salmo 92 tem se cumprido literalmente em sua vida. O Salmista declara e profetiza que *os justos florescerão como a palmeira, crescerão como o cedro do Líbano; plantados na casa do Senhor, florescerão nos átrios do nosso Deus. Mesmo na velhice darão fruto, permanecerão viçosos e verdejantes, para proclamar que o Senhor é justo.* E o Salmista arremata: *Ele é a minha Rocha; n'Ele não há injustiça.* Não tenho dúvida de que a vida da Nazareth está totalmente firmada na Rocha – no Deus eterno. E como essa heroína faz para se firmar tão bem na Rocha? Através da oração.

No Salmo 107.20, está escrito: *Ele enviou a sua palavra e os curou e os salvou da morte.* A Bíblia na Linguagem de Hoje diz: *Com a sua palavra, ele os curou e os salvou da morte.* E na Atualizada está assim: *Enviou-lhes a sua palavra e os salvou, e os livrou do que lhes era mortal.*

Aqui na terra vivemos em um ambiente que está fora do propósito de Deus. A Terra faz parte de uma área do universo que é chamada de regiões celestiais. Toda essa região, envolvendo o nosso planeta, está sob o domínio do Príncipe deste mundo, o diabo. Paulo nos ensina que *a nossa luta não é contra seres humanos, mas contra os poderes e autoridades, contra os dominadores deste mundo de trevas, contra as forças espirituais do mal nas regiões celestiais* (Efésios 6.12). Não sabemos qual a extensão das regiões celestiais. Será que é todo o sistema solar? Será que vai além dessa área do universo? Não sabemos. O certo é que toda essa região do universo está sob o domínio do reino das trevas. A morte permeia tudo o que nos rodeia. A morte física, quando a alma sai do corpo, e este desfalece, é o desfecho final da ação da morte sobre o ser humano. Mas a ação da morte se mostra tanto nas enfermidades do corpo, como nos distúrbios do espírito humano e da alma. Sua influência está nas relações humanas, no alimento, na água, no ar. É o reino da morte.

O Salmo 107 fala da ação da morte sobre o povo de Israel. *Perambularam pelo deserto e por terras áridas sem encontrar cidade habitada. Estavam famintos e sedentos; sua vida ia se esvaindo. Na sua aflição, clamaram ao Senhor, e ele os livrou da tri-*

bulação em que se encontravam (versos de 4 a 6).

A ação da morte os levou a experiências tristes e amargas. Os versos 10 e 11 expressam isso. *Assentaram nas trevas e na sombra mortal, aflitos, acorrentados, pois se rebelaram contra as palavras de Deus e desprezaram os desígnios do Altíssimo. Mas, então, na sua angústia, eles clamaram ao Senhor, e Ele os salvou da tribulação em que se encontravam. Ele os tirou das trevas e da sombra mortal, e quebrou as correntes que os prendiam* (versos 13 e 14). Clamaram ao Senhor e Ele os livrou da ação da morte. Ele atendeu o clamor deles. *Ele enviou a sua palavra e os curou, e os livrou da morte* (verso 20).

Deus enviou Sua palavra para o Seu povo. Quando o povo recebe a palavra, e quando a retém em seu espírito, em sua alma e corpo, a vida de Deus, que está na palavra que Ele libera, vence a morte em nós. As forças da morte param de agir, mediante a liberação da palavra de Deus. E no lugar das forças do reino da morte, passam a operar as forças do reino da vida. É este o significado deste texto: *Ele enviou a sua palavra e os curou, e os livrou da morte*. A ação do poder da palavra liberada por Deus sobre os israelitas, naquela oportunidade, os livrou das forças mortíferas do reino da morte.

Quando um homem ou uma mulher de Deus conhece essa verdade, crê nela, e age para que a palavra de Deus seja liberada a seu favor, e a favor daquelas pessoas a quem eles estão procurando ajudar, então, outra vez, esse Salmo torna-se realidade para eles: *Ele enviou a sua palavra e os curou, e os livrou da morte*.

Estou certo de que isso é uma realidade na vida da Nazareth. Ela proclama a Palavra constantemente. A Palavra está sempre em sua boca. Diante de situações adversas, ela não fala palavras de incredulidade, mas de fé. E essas palavras estão sempre baseadas em uma declaração da Bíblia, em uma promessa de Deus. Jesus disse: *Peçam e lhes será dado; busquem, e encontrarão; batam, e a porta lhes será aberta* (Mateus 7.7). Ele falou: *Eu lhes asseguro que, se vocês tiverem fé e não duvidarem, poderão fazer não somente o que foi feito à figueira, mas também dizer a este monte: Levante-se e atire-se no mar, e assim será feito* (Mateus 21.21).

A mim me parece que a Nazareth aprendeu bem a usar a força da Palavra de Deus a seu favor e a favor daqueles a quem ela ministra. Declarando a Palavra, a sua fé aumenta. A fé tem um poder explosivo. Por isto, precisamos fazer tudo o que pudermos para promover o crescimento da nossa fé, porque *tudo é possível ao que crê* (Marcos 9.23).

Tantas vezes tenho ouvido a Nazareth admoestando as pessoas para que creiam na Palavra. *Irmão, creia, o Senhor fará! Ele prometeu. Não está na Bíblia? Pois eu creio; creia e você verá.* Mas não é uma esperança vazia. Não é uma expectativa baseada em nada. Não é fé sem fundamento, sem alicerce, sem lastro. Não! É fé baseada na Palavra de Deus. A Palavra, a fé e a oração estão intimamente relacionadas entre si. Sim, é verdade! Fé, oração e Palavra são companheiras inseparáveis. A fé está estreitamente ligada à oração e à Palavra de Deus. Estão sempre juntas. Não se alcança a fé vitoriosa sem a Palavra e a oração. Precisamos amar a Palavra. A Palavra de Deus precisa fazer parte da nossa vida. *Se vocês permanecerem em mim, e as minhas palavras permanecerem em vocês, pedirão o que quiserem, e lhes será concedido* (João 15.7). Precisamos amar a fé. Querer a fé. Buscar a fé. Trabalhar no sentido de desenvolver a nossa fé.

E tudo isso precisa ser banhado com muita, muita oração. Se o exemplo da Nazareth ajudar você, vou ficar muito feliz de lhe estar contando estes fatos sobre a vida dela. Na verdade, escrevo desejando que você, à medida que for lendo esta história, seja tocado com o mesmo poder que vem permeando a vida dessa missionária, e fazendo dela um instrumento de bênção para tanta gente.

Bounds, em seu livro, *Poder Através da Oração,* nos faz lembrar que a falta de resultados em muitos ministérios, e os resultados superficiais em tantos outros, são causados pela falta de oração. Homens e mulheres que têm produzido muito na obra de Deus têm se caracterizado pelo fato de serem homens e mulheres de oração. São diferentes em muitos aspectos, mas têm um ponto em comum – uma vida de oração. São pessoas que não oram no tempo que lhes sobra. Eles sacrificam outros aspectos da vida para fazer tempo de oração. Oram de tal maneira a afetar suas próprias vidas, e a vida de outros. Gastaram e gastam muito tempo em oração. A oração tem sido a arma mais eficiente desses soldados de Jesus.

Esse autor escreve com o alvo de nos despertar para a oração. Ele afirma que Wesley gastava duas horas diariamente em oração. Começava seu dia às quatro horas da manhã. John Fletcher fez com que as paredes de seu quarto ficassem impregnadas com o bafejo de suas orações. Algumas vezes gastava toda a noite em oração. Lutero dizia: *Se eu deixar de empregar duas horas em oração todas as manhãs, o diabo terá vitória o dia inteiro. Tenho tanto trabalho, e sei que não posso fazê-lo sem gastar três horas diariamente em oração*. Wesley chegou a dizer: *Deus nada faz a não ser em resposta à oração* (*Poder Através da Oração*, pp. 35 e 38).

Desejo que Deus faça de mim e de você pessoas totalmente dedicadas à oração. Que Ele levante nestes dias um exército de homens e mulheres que oram, oram, e oram, até que o céu desça à terra, e as pessoas sejam tocadas com o poder de Deus. E, debaixo da manifestação do poder e da glória d'Ele, se arrependam de seus pecados, sejam libertos de seus vícios, sejam salvos, santificados, e se voltem totalmente para o Senhor Jesus.

Capítulo 8

Nos Lugares Mais Sombrios

No final de 1985, a irmã Olga convidou a Nazareth para irem A penitenciária, onde havia um esforço para evangelizar os presidiários. Fazia pouco tempo que ela havia chegado à Bolívia.

Naquela época as mulheres ficavam mais ou menos no mesmo pátio que os homens. Só havia um pequeno muro que separava aquele espaço. Então, naquela tarde, quando a irmã Olga, a Nazareth, e outras senhoras chegaram, os homens estavam jogando. Era um tipo de esporte em que uma bolinha é arremessada contra a parede, bate forte, e volta. Elas ficaram por algum tempo observando-os, enquanto eles, entretidos com o jogo, nem as notaram. Um pouco decepcionada, a Nazareth falou com Jesus: *Senhor, o que é que eu vim fazer nesta cadeia? Se o Senhor me trouxe aqui preciso de um sinal. Sei que estamos aqui para falar da Tua Palavra, mas como é que vou falar com esses homens que não dão a mínima atenção? Se o Senhor quer que eu faça um trabalho aqui, tudo bem, o Senhor precisa confirmar que é a Tua vontade.*

E o Senhor respondeu rápido: *Olha para trás! ouviu.*

Ela olhou para trás e viu que estava vindo uma mulher, uma campesina, andando bem devagar, segurando o estômago, com uma expressão de dor e sofrimento. Penalizada, a Nazareth aproximou-se para conversar com ela, mas descobriu que ela só falava quéchua. Percebendo que a visitante não entendia aquela língua um jovem, também presidiário, deixou o jogo, se aproximou de ambas, e falou:

– A senhora quer falar com ela?

– Eu gostaria, mas parece que ela não me entende.

– Ela fala quéchua. Se a senhora quiser, eu posso traduzir.

– O que ela tem? Parece que ela está doente.

– Ela tem a doença de Chagas;sente muita dor e tem muita febre.

– Mas aqui não tem médico, remédio?

– Eu sou médico, disse ele. Estou no último ano de medicina.

Ele havia sido preso por ser viciado em drogas.

– E o que vocês fazem em casos como este? perguntou a Nazareth.

– Quando temos novalgina, damos, e aí passa um pouco a dor e melhora a febre também.

– Pergunte-lhe se ela quer que eu ore por ela.

Ele falou com a senhora, que prontamente demonstrou querer a oração. Então a Nazareth orou no seu íntimo uma oração relâmpago: *Jesus, eu vou orar por essa mulher, e peço que o Senhor me ajude. Se for a vontade do Senhor que eu continue trabalhando aqui, cure-a, para que eles possam reconhecer que eu estou aqui para fazer o trabalho do Senhor. Deixo nas Tuas mãos. Ajude-me Senhor*.

Enquanto orava por aquela presidiária, a Nazareth fez um grande esforço para expressar toda a fé que podia. Como gostaria de acabar rápido com o sofrimento daquela pobre mulher! Entretanto, após ter orado, não percebeu qualquer mudança nela, pois a dor continuava estampada em seu rosto sofrido. Será que o Senhor iria agir em resposta àquela oração? As mulheres continuaram tentando fazer o melhor que podiam, falando com um e com outro mas, na verdade, não havia resultado visível. Os presos estavam mais interessados no jogo do que no trabalho delas. E a Nazareth foi para casa com uma enorme interrogação: *Era o Senhor mesmo que estava levando-a para evangelizar na prisão?* Se era o Senhor, estava mais do que disposta a voltar lá todas as semanas. Mas se não fosse, preferia não voltar mais àquele presídio. Afinal, ir a um lugar como aquele era um desafio. Era a pobreza, as enfermidades, a falta de higiene, tudo isso – e mais aquele odor próprio de um edifício em que tantos humanos têm que disputar pequenos espaços. Humanamente falando, não era o lugar que ela gostaria de estar. Mas, se o Senhor a queria ali, ela se empenharia com todo o seu ser para fazer o melhor.

O sofrimento da pobre mulher por quem havia orado não saia da sua mente. Não conseguia parar de pensar nela. Se o Senhor não a tinha curado, poderia pelo menos levar-lhe novalgina para aliviar-lhe as dores e fazer baixar a febre. Dito e feito. Lá estava a Nazareth no dia seguinte tentando entrar no presídio. Queria saber da mulher. Ela abordou o primeiro policial que encontrou na entrada do presídio:

– Eu queria falar com aquela mulher por quem eu orei ontem. Ela se chama Maria. Por favor me deixe entrar.

Felizmente ele permitiu que ela entrasse e, ao mesmo tempo, mandou um dos internos chamar a Maria.

– Maria, vem, la hermanita está aqui, disse o interno.

A Maria veio correndo. Estava sorrindo. Podia-se ver um novo semblante, expressando alegria. A Nazareth a abraçou e perguntou como estava. Estava bem. O Senhor Jesus a havia curado. A Nazareth estava explodindo de satisfação. Na verdade, queria fazer aquele trabalho no presídio, mas precisava saber a direção do Senhor. Sabia que não adiantaria pregar naquele lugar só por sentir pena dos presidiários. Não haveria frutos. E se era o Senhor que a estava enviando para aquele ministério, Ele iria fazer milagres ali, e as pessoas seriam tocadas pelo Seu poder, seriam curadas e haveriam de se converter. Por isso, ver a Maria curada, lhe trazia grande alegria, pois era um sinal de que Deus queria que fizesse aquele trabalho. E ela expressa esse sentimento muito claramente: *Quando vou fazer alguma coisa, sinto que preciso da confirmação do Senhor. Por melhor que um obreiro de Deus faça o seu trabalho, se não foi Deus quem o man-*

dou fazer, não adianta nada. Eu sempre quero saber. Seja coisa bonita ou feia que precisa ser feita. Há coisas que não me agradam fazer, mas se tenho certeza que é da vontade de Deus, então eu faço.

A partir daí ela continuou a visitar o presídio duas vezes por semana, juntamente com aquele grupo de mulheres. Nesse trabalho elas têm visto muitos milagres de Deus. Grande bênção tem vindo sobre muitas pessoas, semana após semana. A Nazareth diz que também tem sido muito abençoada nesse trabalho, e que a primeira grande bênção foi ter os presos como seus professores da língua do país, o Espanhol. Ela até afirma que foi no contato com os presos que aprendeu mais o Espanhol. Tendo pedido que os detentos a corrigissem sempre que ela falasse errado (E como a missionária falava tudo errado!), os presos tinham a melhor boa vontade e prazer de corrigi-la. Por isso, o aprendizado foi mais rápido.

Ao mesmo tempo havia uma bênção especial de Deus; muita gente se converteu. Pessoas foram libertas, curadas, transformadas. Ela ganhou a confiança do delegado e tinha plena liberdade para trabalhar dentro do presídio. Aquela confiança chegou a tal ponto que quando ela preparava para o batismo aqueles que aceitavam a Jesus, o delegado mesmo facilitava tudo para que os presos saíssem da prisão para serem batizados. No primeiro batismo havia oito presidiários para descerem às águas. A Nazareth conseguiu uma casa com piscina, e o pastor veio para batizá-los. Foi uma festa. Como cada presidiário tinha que ser vigiado por um policial, eram oito presidiários e oito policiais no batismo. Uma boa platéia para ouvir a Palavra, para receber oração, para serem tocados com o poder de Deus.

Em outra ocasião havia seis deles para serem batizados. No dia do batismo, o delegado não foi encontrado. Sem uma ordem por escrito do delegado os presos não podiam sair; estava parecendo que aquela festa não aconteceria, pelo menos não naquele dia. Mas a missionária nunca foi de desistir diante das dificuldades. E, por isso, foi logo perguntando:

– Mas onde vou encontrar esse delegado agora?

– Ah, deve estar na casa dele.

Como ninguém tinha permissão para dar o endereço da sua

residência, qualquer outro poderia pensar: *Bem, vamos adiar o batismo.* Mas não a Nazareth. Ela costuma ir até o fim, a qualquer preço.

– Por favor, vocês sabem o que eu quero. Não vou procurar o delegado por nenhum problema. Não quero ir à casa dele para perturbá-lo. Somente preciso que ele assine o papel com os nomes das pessoas que vão se batizar.

Insistiu tanto que o policial lhe deu o endereço do delegado. Mais do que depressa ela foi até a casa dele, pediu-lhe desculpas por ter ido, e rogou que, por favor, assinasse o papel com o nome dos seis presos. Ele, que já conhecia essa mulher de Deus, sabia que o melhor a fazer era assinar a liberação dos presos para o batismo. Pronto! Tinha em mãos agora a liberação. A festa ia acontecer!

Tudo perfeito, não fosse o fato de que, ao chegar de volta ao presídio e entregar o documento ao encarregado, ele viu que o delegado havia colocado um "OK" na frente de apenas cinco nomes. E, para piorar, o nome que o delegado não havia colocado o "OK" era exatamente o do que estava mais ansioso para ser batizado. Até já estava com a toalha na mão para sair para o batismo! Teria sido engano do delegado? Providência divina? Ou o quê?

– Sinto muito; na próxima semana peço para o delegado, levo você e o batizo. Mas agora não tem jeito. O delegado não colocou "OK" no seu nome.

– Não, mas eu quero ir hoje.

– Você quer ir hoje mas o delegado não assinou, não sei por que ele pulou o seu nome. Então não posso levá-lo. O delegado não fez de propósito. Não sei por que ele não assinou.

E aquele homem ficou para trás. A Nazareth se sentia frustrada, condoída daquele presidiário. Por que não havia prestado mais atenção ao receber a lista do delegado? Mas não demorou muito para que a verdade viesse à luz, pois no dia seguinte ao batismo ele conseguiu escapar da prisão. Ficou claro que ele não estava convertido. Estava querendo aproveitar a ocasião para fugir. Se ele tivesse fugido ao sair para o batismo, as portas da prisão estariam fechadas para aquele trabalho. Seria difícil ganhar a confiança outra vez das autoridades para retirar os presos para serem batizados. Portanto, tinha sido livramento do Senhor. Deus estava no controle de tudo.

Ela e suas companheiras continuaram fazendo os cultos, sempre levando pão e banana. Às vezes levavam comida também. Um dia, uma irmã chamada Leonora se ofereceu para ajudar:

– Irmã Nazareth, você ainda leva comida lá na cadeia?

– Levo.

– Ah, porque eu também queria fazer comida para levar para eles.

– Que bom, pode fazer.

– Que dia que você vai?

– Na terça-feira.

E na terça-feira foram para o culto. Começaram a reunião e quase trinta pessoas estavam ali participando. Uma bênção, como sempre. Quando terminaram, disseram: *Tem comida, vocês podem trazer os pratos*. Saíram correndo, buscando os pratos, com fome. Mas a Nazareth não viu a comida. Então se dirigiu à irmã Leonora:

– Irmã Leonora, e a comida?

– Está tudo aí.

– Aí aonde ?

– Aí (disse, apontando para uma panelinha)

– É só essa panela?

– É.

– Irmã, o que tem nessa panela?

Ela abriu a panela e ficou aterrorizada. Havia um pouquinho de arroz, e uns três ovos fritos em cima do arroz. Não tinha mais nada. Sem saber o que fazer, a Nazareth orou: *Jesus, e agora? Eu os mandei trazer os pratos. Mas e a comida Jesus? Esse pouquinho só dá para duas ou três pessoas*.

Quando chegaram de volta, não traziam pratos, pois eles não têm pratos normais; usam potes de manteiga, vasilhas de plásticos, umas bacias grandes... A Nazareth chamou a irmã Primitiva:

– Primi, olha o tanto de comida pra essa gente. Mais de trinta pessoas.O que eu vou fazer?

Parada, sem ação, percebeu que só podia fazer o que sempre fez em situações onde não há solução humana. Ela orou: *Je-*

sus, foi o Senhor que multiplicou os pães e os peixes. Eu vou servir essa comida. Nem vou olhar pra essa panela. Preciso de um milagre, Senhor. Bem depressa! Por favor!

Enquanto isso, toda aquela gente estava na fila, empurrando uns aos outros, e a irmã Leonora, que havia trazido a comida, na maior tranqüilidade, parecia não perceber a dificuldade em que havia colocado a missionária e o seu grupo.

A Nazareth foi servindo os pratos, colocando arroz e ovo, arroz e ovo... Deus estava multiplicando, porque já havia passado de seis, sete, dez pessoas servidas. Foi uma coisa tremenda! Por fim, ela estava servindo e chorando. E a Primitiva dizendo: *Glória a Deus! Glória a Deus!*

Todos foram servidos. Uma vez mais aconteceu o milagre ocorrido com a viúva de Sarepta. *A farinha na vasilha não se acabou e o azeite na botija não se secou* (1 Reis 17.16).

Com todos aqueles milagres no presídio, pessoas curadas, outras transformadas, a mensagem da Bíblia sendo ensinada, aquele grupo foi ganhando a simpatia e o respeito das autoridades. Assim, um dia a Visitadora Social telefonou para a Nazareth:

– Irmã Nazareth, preciso da sua ajuda. Temos um preso que se chama Luna. Ele passa mais tempo no calabouço do que fora, porque briga com todo mundo. Ele ameaça matar as pessoas. Nós já fizemos tudo o que podíamos, e nada funcionou. Não sabemos mais o que fazer. Será que você podia falar com ele?

– Falo.

Ela pediu que a Nazareth fosse ao presídio. Quando chegou, um policial a acompanhou até a porta da cela em que ele estava, abriu a porta, pediu-lhe para entrar e, quando ela entrou, a porta foi fechada. O guarda foi embora. Que susto! Estava tudo escuro lá dentro. Ela pensou que o policial iria deixar a porta aberta e que ficaria vigiando ali. Mas não. Ele fechou a porta e se foi. Trancafiada com um homem perigoso dentro daquela cela, precisava agir rápido. Mas ele falou primeiro:

– Quem está aí?

– Eu é que pergunto, onde e de que lado você está ?

– Não interessa, disse ele com raiva. Ela podia sentir o ódio em suas palavras.

– Se interessa ou não, eu vim aqui para conversar com você.

– Eu não quero conversar com ninguém.

– Mas eu quero conversar com você.

– Não adianta, eu não vou conversar.

Ela tentou ir um pouco para a frente, tropeçou num colchão que estava no chão, e quase caiu. Tudo tão escuro, aquele mau cheiro, sozinha com aquele homem rude, por que não havia considerado melhor a sua decisão! Por baixo da porta entrava um raiozinho de luz. Quando seus olhos foram se adaptando àquela escuridão, sentiu-se um pouco mais aliviada com aquele pouquinho de luz. Era uma claridade muito tênue, mas, pelo menos, agora tinha um pouco de senso de direção. Sabia onde estava a porta.

– Eu vou sentar aqui no seu colchão e você senta também, disse ela, com voz de comando.

– Não. Não sento.

– Senta rapaz, senta aí pra gente conversar.

Por fim, ele se sentou. Ela lhe disse:

– Você deve me conhecer, porque eu venho sempre aqui no cárcere, faço culto...

– É, eu conheço.

– Você sabe que não estou aqui para fazer mal a você. Eu vim porque pediram para eu conversar com você. Estou sabendo que você tem brigado com todo mundo aqui. Fala em matar as pessoas. Mas eu sei. Eu compreendo você. É muito triste ficar preso.

E, assim, ela foi ganhando a confiança dele. Podia imaginar todo o seu sofrimento. Como teria sido sua infância? Será que teve uma mãe com possibilidade de ajudá-lo quando criança? Será que seu pai era um alcoólatra? O que o levou a ser um criminoso? Agora, preso, como um animal, confinado a uma cela escura, fria, cheirando mal, sozinho, segregado, quanta amargura haveria naquele coração! Quanto sofrimento! *Mas Deus, o que pode fazer essa mulher para mudar a vida desse homem? Ajuda-me, Senhor. Espírito Santo, dá-me sabedoria e sensibilidade.*

Ela ganhou a confiança dele, entretanto ele continuava com

muita raiva. Por fim, disse que não tinha ninguém, que perdera a mãe, que fora criado na rua, que a situação era difícil, todo mundo se aproveitava dele... e, em seguida, disse:

– Comecei a resolver as coisas no porrete.

– Mas você está errado. Vê o resultado? Onde você está? Vai querer ficar a vida toda aqui dentro? Não, você não pode ser assim.

Ele começou a chorar. Ela o abraçou, colocou a cabeça dele no seu ombro e chorou junto com ele. Falou para ele aceitar Jesus e ele aceitou. Orou com ele. E nada da polícia vir abrir a porta... Então ela teve que bater, bater, chamar, gritar, e outra vez bater forte na porta. O policial veio, abriu a porta e ela saiu. Para o policial, parecia que era tudo assim mesmo. Não entendeu nada.

Mas, a partir daquele dia, o Luna já saia para o pátio. E a Nazareth o encontrava e o aconselhava, dizendo-lhe que as pessoas o provocavam de propósito, porque queriam vê-lo preso na solitária outra vez.

– Você é uma pessoa inteligente,dizia ela, mas está agindo como bobo, como tonto, não está percebendo?

Ele acabou sendo transferido para outra prisão, e ela não teve mais contato com ele. Mas, com toda a certeza, esse homem ficou marcado pelo amor de Deus expresso nas palavras e nas atitudes que ela teve com ele em pleno calabouço. Ter chorado com ele, ter encostado a cabeça dele em seu ombro, ter orado em favor dele, deve ter surtido um efeito cujos resultados só no Céu se saberá.

Em meio a todas estas bênçãos, ocorreu um fato que trouxe temor a muitos corações. De vez em quando havia mudança de delegado. Em um daqueles dias, a Nazareth chegou com o grupo para fazer o culto, e era um outro delegado, que não a conhecia. Ao chegar, ela teve de falar com ele:

– Preciso entrar, lhe disse. Viemos fazer o culto.

– Mas para que fazer isto, interrogou ele, dando a entender que não acreditava em nada daquilo, e que não queria que elas entrassem.

– Eu sempre venho fazer culto aqui.

– Mas, sabe? Eu acho que não adianta. Aqui vem Católico,

vem Testemunha de Jeová, Mórmon, Adventista. Eles entram, fazem a reunião, os presos comem, e fica tudo no mesmo. Os presos só estão interessados na comida e nada mais.

– Mas não importa se eles estão interessados na comida. A Palavra de Deus não volta vazia. Eu quero falar com eles.

– Vem outro dia, agora não dá.

E não as deixou entrar. A Nazareth ficou triste e com raiva, e enquanto ia embora, extravasou o seu descontentamento para Deus: *Senhor, tira esse homem daí. O delegado anterior era tão bom! A não ser que o Senhor não queira mais que eu continue o trabalho aqui. Entretanto, se isso for uma cilada do Diabo, peço que o Senhor tire esse homem daí.*

Dois ou três dias depois ela passou na porta da delegacia, e uma senhora a chamou:

– Oi, irmã Nazareth!

– Olá, o que você está fazendo aí?

– Estou aqui no velório.

– Velório de quem?

– Você não sabe?

– Eu não; quem morreu?

– O delegado.

– Morreu de quê?

– Enfiaram a faca na barriga dele.

A Nazareth entrou para ver e lá estava o corpo do delegado. O velório estava sendo feito na delegacia. Aí a Nazareth orou: *Jesus, pedi para o Senhor tirar esse homem daqui, não para que o matasse.*

Ela ficou preocupada, pois parecia que a culpa pela morte daquele homem era dela. Mas, para atenuar um pouco a tribulação do seu coração com tal desfecho, veio a saber o porquê de ele ter sido assassinado. Quem o matou foi um preso que nunca quis freqüentar os cultos. Esse preso e o delegado se desentenderam por causa de drogas, e o preso o esfaqueou. Ele morreu ali mesmo, nas mãos do preso. Ficou provado que o próprio delegado levava drogas para dentro da cadeia e fazia negócio com os presos. O Agapito, o preso que o assassinou, era um daqueles com quem o delegado negociava.

E na semana seguinte já havia um novo delegado e o grupo

de irmãs pôde voltar a fazer os cultos. O preso que assassinou o delegado apanhou muito e foi colocado na solitária. A Nazareth foi levar comida para ele, e lhe disse:

– Está vendo, Agapito; você, que nunca quis entrar nos cultos, viu o que aconteceu? Você já tinha uma condenação e agora está com outra; sua situação ficou pior.

– Ah, o sargento merecia.

– Mas nós não temos o direito de tirar a vida de ninguém.

E cada vez que ela ia à cadeia, levava comida para ele. Quando ele saiu daquele calabouço e voltou para o pátio, sempre que o grupo chegava, ele mesmo ia de porta em porta chamar os demais prisioneiros para irem para o culto. Ele aceitou a Jesus e, mais tarde, saiu da prisão.

A morte do sargento não foi a única. Houve uma outra. Foi quando a Nazareth perdeu seu Cartão de Identidade Boliviano, faltando uns oito meses para a renovação. Para fazer a renovação ela tinha de pagar uma taxa que não era nada pequena. Por isso, falou com o Chefe da Imigração para lhe dar um cartão provisório, pois assim teria mais oito meses para conseguir o dinheiro da taxa. Ele, entretanto, não quis lhe dar, e lhe disse que tentasse fazer isso em La Paz. A secretária dele, que ouviu a conversa, a chamou:

– Nazareth, ele pode fazer isto pra você; não vai fazer porque é ruim. Eu tenho um cartão aqui e eu vou lhe dar, mas ele não pode saber. Se ele souber, me manda embora.

– Está bem. Não vou dizer que foi você quem me deu. Vou deixar passar uns dias e trago para ele assinar. Certamente ele pensará que eu trouxe de La Paz, e o assinará.

Alguns dias depois, ela voltou:

– Olá, senhor Luiz, tudo bem?

– Tudo bem.

– Consegui o cartão; o senhor pode assinar para mim, por favor?

– É? E onde você conseguiu?

– Eu ganhei, o senhor não falou pra eu buscar?

– Então você tem de procurar a pessoa que lhe deu, para que ela mesma o assine.

– Senhor Luiz, se estou com o cartão aqui, por que o senhor

não o assina logo?

Ele não quis assinar. Ela agradeceu, mas ao sair lhe disse que ele era muito ruim.

Algum tempo depois, ela encontrou a secretária dele na rua, a qual lhe deu uma triste notícia:

– Nazareth, soube o que aconteceu com o senhor Luiz?

– Não; ele foi mandado embora?

– Pior, ele sofreu um enfarte, e morreu.

– Jesus, mais uma morte! Reagiu ela, assustada.

Ela diz que, a partir daquele episódio, tem tido mais cuidado. Quando alguém a magoa ou entristece, corre para os pés do Senhor e pede para Deus perdoar e abençoar a pessoa.

Recentemente ela estava em uma cerimônia de casamento na igreja, e viu que chegaram dois policiais. Assim que terminou a cerimônia, foi falar com eles.

– Vocês vieram para o casamento?

– Não, viemos falar com você.

– E do que se trata?

– É que não temos comida na cadeia. Está muito complicado lá. Já conseguimos pessoas para fazer comida de segunda a sexta, mas não temos ninguém para fazer no sábado e no domingo.

Por causa dos trabalhos na igreja, nesses dias ela também não podia. Entretanto, fizeram uns arranjos, e ela e suas amigas fazem a comida para eles duas vezes por semana. Assim, mesmo com todo o trabalho com o PRADOS, e de todas as atividades da igreja que pastoreia, tendo que dar o melhor de si mesma para atender a tanta gente que a procura para ser aconselhada e para receber oração, ainda consegue arranjar tempo para continuar ministrando em um dos lugares mais sombrios da terra – a prisão de Sucre!

Capítulo 9

O Chamado Divino Para a Libertação de Homens

Tudo começou em São Paulo, algum tempo depois da conversão da Malu. Ela havia sido tocada tão poderosamente pelo Espírito de Deus, que mergulhou de corpo e alma na busca daqueles que continuavam presos nos vícios, no pecado, nas trevas. Foi assim que a Malu encontrou o Odair, na Praça da República, bem no centro da capital paulista. Ali na rua, totalmente escravizado pelo pecado, perdido, confuso, em desespero, ele ouviu atentamente o que ela estava tentando explicar-lhe sobre Jesus, sobre a Bíblia, sobre o caminho da salvação.

Ela estava participando de um trabalho evangelístico naquela praça. Como o Odair, dezenas de homens, jovens, adolescentes e até crianças, perambulavam por ali. Alguns vendendo bijuterias, outros tentando conseguir repassar os objetos mais variados, e também aqueles que estavam na espreita de uma senhora, ou de um homem, de quem haveriam de arrebatar a bolsa, a carteira, o colar, ou o relógio. Na maioria das vezes para conseguir dinheiro e, com ele, adquirir a droga que os escravizava.

Em meio a tudo isso, e na movimentação dos ambulantes, estava o Odair ouvindo a Malu. Ela, de fato, estava cheia da graça de Deus. O Espírito do Senhor estava sobre ela para *proclamar liberdade aos presos e recuperação de vista aos cegos, para libertar os oprimidos e proclamar o ano da graça do Senhor* (Lucas 4.18,19).

Terminada a reunião, e enquanto aqueles valentes do Senhor estavam indo embora, a Malu foi despedir-se do Odair, sem imaginar o desafio que aquele jovem lhe faria. Inocentemente estendeu a mão para dar um "Deus o abençoe", ou "Até outro dia". Entretanto, o que ele lhe disse a deixou paralisada:

– Grande coisa, disse ele. Você falou para mim do amor de Deus e de como Jesus pode me salvar e me libertar. Agora vai para a sua casa, onde tem tudo. E eu fico aqui na rua. Então, para que eu quero esse Jesus?

Pega de surpresa, sem saber o que responder, perplexa e com vergonha, tudo o que conseguiu responder para aquele jovem foi:

– Olha, a minha mãe não é muito boazinha, não. Eu não sei o que vai acontecer, mas vou levar você para a nossa casa.

Durante as horas seguintes, enquanto iam para Santo André, onde a Nazareth e a Malu moravam, a jovem tinha pensamentos perturbadores. *Será que estou agindo certo? Qual será a reação da minha mãe? E se ela aceitar esse jovem em nossa casa? Nós não o conhecemos. Será que ele vai nos roubar? Ele é um enganador? E se ele fizer coisas piores? Meu Deus,ajuda-me!*

Quando chegaram em casa, a Malu apresentou o Odair, contou à Nazareth o que havia acontecido, disse que o rapaz era drogado, ladrão, etc, etc.

– Então por que você o trouxe aqui? perguntou a Nazareth.

– Para a senhora orar por ele – essa foi a única resposta que conseguiu dar à mãe.

– Mas trazer um rapaz lá do centro de São Paulo só para eu orar por ele? Você não podia ter orado por ele lá mesmo?

– Ah! Mãe! Eu o trouxe para a senhora orar por ele.

Enquanto isso, o Odair estava em pé, na porta. Ele se abaixou e ficou acocorado, um tanto cansado e fraco. Agora dava para observar melhor uma pequena mochila que ele carregava nas costas. Aquilo era tudo o que ele tinha. A Nazaré o deixou lá na porta, entrou, e foi orar. Ela disse: *Jesus, eu não sei porque o Senhor mandou esse rapaz aqui. Eu entreguei minha casa para o Senhor. Eu Lhe entreguei tudo que temos aqui. A Malu falou que ele é ladrão. Se ele roubar a nossa casa, o problema não é meu, é do Senhor.*

Voltou para a porta, e perguntou ao jovem:

– Como você se chama?

– Odair Volpi, disse ele.

– Odair, nesta casa vivemos eu e a minha filha; só nós duas. Se você quiser ficar aqui, fique; se não, o portão está aberto, pode ir embora.

– Eu fico, disse ele.

E assim estava começando um trabalho pessoal e familiar na recuperação de pessoas envolvidas com os vícios. O Odair ficou e a Nazareth começou a providenciar tudo o que ele precisava. Na verdade, ele precisava de tudo: calças, camisas, cuecas, meias, sapatos, roupa de cama... tudo. Tudo mesmo. Havia chegado completamente sem nada. O que tinha era apenas a mochilinha.

À medida que ele ia sendo curado fisicamente, também estava sendo alimentado com a Palavra de Deus. Aquela casa, que antes fora tão usada para o pecado e sempre cheia de influências demoníacas, agora estava inundada pelo amor de Deus. Tudo ali levava a pensar em Jesus. Os hinos no aparelho de som, os programas evangélicos no rádio, as conversas, em tudo era Jesus, Jesus, Jesus. O Odair estava recebendo um banho de Deus. Seu espírito e sua alma estavam sendo lavados, purificados, santificados. Enquanto isso, seu corpo também estava sendo sarado, libertado, abençoado. E, assim, rapidamente ficou livre da escravidão das drogas e se converteu, passando pela experiência do novo nascimento exatamente como a Malu e a Nazareth haviam passado não muito tempo atrás. O milagre que aconteceu com elas, também aconteceu com ele.

Desde então a Nazareth é a sua mãe amada. É assim que ele a chama: mãezona; a Mãe Nazareth. A Malu é a sua irmã querida, pois ele sabe que deve a ela o início de tudo. Se ela não tivesse tido a coragem, naquele dia, em plena Praça da República, de levar para a sua casa aquele jovem desconhecido, drogado, ladrão, o que teria sido do Odair? Será que ainda estaria vivo? Se estivesse vivo, estaria definhando em um presídio?

O Odair foi o primeiro; ele abriu o portão. Atrás dele vieram outros para aquela casa dessas duas mulheres corajosas. A Nazareth diz que a Lurdinha (é como ela trata a filha) buscou na Praça da Sé tudo quanto foi tipo de drogado e os trouxe para casa. Elas chegaram a ter vinte rapazes lá. Aliás, mais do que vinte. Todos dormiam e comiam ali. A casa delas se tornou uma Casa de Recuperação.

A Nazareth conseguiu um emprego para o Odair, começando assim um processo de encaminhamento de ex-viciados. Foi muito tocante a carta que o Odair escreveu para a Mãe Nazareth, algum tempo depois de ter sido recebido na casa dela. Ele escreveu assim: *Mãe, eu vim para esta casa para roubar. Eu já havia roubado outras casas de crentes. É que nunca antes havia encontrado uma família. Aqui encontrei amor. Perdoe-me. Não roubei nada nesta casa; mas me perdoe porque vim com essa intenção. A senhora pode me mandar embora por isso, mas eu tinha de confessar.*

– É claro que não o mandei embora, diz a Nazareth.

E foi assim que nasceu no coração da Nazareth o chamado de Deus para se envolver na libertação de homens escravizados pelos vícios. Por isso, quando ela veio para o Vale da Bênção, eu lhe pedi que trabalhasse conosco em nosso programa de reintegração de jovens recuperados. Não tínhamos uma casa de recuperação. Tínhamos um Programa de Reintegração de Ex-viciados, que era feito em parceria com casas de recuperação. Eles passavam nove meses na casa de recuperação. Então, nós os recebíamos no Vale da Bênção. Tivemos o privilégio de reintegrar um grande número destes jovens. Alguns deles hoje são pastores, outros são missionários, servindo a Deus no exterior. Há também aqueles que se casaram e estão encaminhados na vida.

Contudo, tão logo a Nazareth chegou ao Vale, surgiu uma outra necessidade para a qual precisávamos dela. Hoje reconhecemos que Deus tinha outros propósitos e outros caminhos para ela. Foi enviada para a Bolívia, onde depois de algum tempo, começou a ficar inquieta diante da urgência de se iniciar uma casa de recuperação. Quantos homens, quantos jovens, prisioneiros das drogas, precisando de recuperação. Como tinha vontade de começar logo uma casa para eles! Entretanto, por razões quase sempre fora do nosso entendimento, essas coisas não acontecem nem como e nem quando queremos. Há um tempo para cada propósito debaixo do céu.

Recém-chegada na Bolívia, a irmã Nazareth foi convidada pela irmã Olga para fazerem uma visita à cadeia. Essa irmã tinha vontade de fazer um trabalho lá, mas ainda não havia conseguido companheiras. Agora, com a Nazareth, o trabalho foi iniciado. Lá dentro pessoas estavam sendo libertas e salvas. Ao mesmo tempo, atendia os drogados, na casa do pastor Orlando, onde estava morando. Também lhe foi dado um escritório na Igreja Assembléia de Deus Central, onde atendia os drogados. O tempo passou e a casa de recuperação não foi aberta. Quando, porém, ela estava completando dez anos de ministério na Bolívia, frustrada por não ter conseguido começar a casa e sabendo que esse era um ministério que Deus lhe havia dado, mais uma vez teve coragem para fazer uma oração daquelas que desafiam o Senhor: *Oh! Deus! Estou aqui há dez anos. O Senhor me falou lá no Brasil que eu ia ter uma casa de recuperação, porém, essa casa nunca apareceu. Então, eu vou embora. Mas vou fazer um trato com o Senhor. Se o Senhor quer que eu continue trabalhando neste lugar, o Senhor vai me dar essa casa dentro de um mês. Se o Senhor não me der, eu vou embora.*

Esse "ir embora" não seria voltar para o Brasil. Ela iria iniciar um ministério itinerante na Bolívia. Era o dia 22 de maio de 1994. A idéia dela era que, se chegasse o dia 22 de Junho e nenhuma porta se abrisse para iniciar a casa de recuperação, deixaria tudo o que tinha em Sucre, pegaria sua pequena mala e iria atender convites para pregar em várias igrejas que insistiam com ela para lhes dar um tempo, pregando e orando. Ela disse para Deus: *Eu vou de igreja em igreja. Fico um mês em cada lugar. Não quero mais ter a minha casa. Vou viajar. Vou pregar em muitos lugares. Mas se o Senhor quer que eu fique aqui em Sucre, que eu tenha a minha casa aqui, então o Senhor vai me dar uma casa de recuperação. Caso isso não aconteça, vou entender que aquela profecia lá no Brasil, sobre o meu chamado para a obra de recuperação, não foi verdadeira.*

Naqueles dias a Nazareth estava ajudando a atender chamadas telefônicas de um programa evangélico na televisão. Era o programa chamado "Clube 700". As pessoas eram estimuladas a telefonar para serem aconselhadas e receber oração. Em meio a esses telefonemas, ela atendeu alguém cuja voz e maneira de falar indicava que se tratava de um senhor de meia idade, que lhe pedia um favor:

– Eu preciso que você me ajude a encontrar uma pessoa conhecida para alugar minha casa. Quero alugar para um crente. Já tomei muitos prejuízos. Não quero alugar mais para quem não é crente.

– Mas nós aqui não trabalhamos com isso. Este é um programa evangélico.

A Nazareth procurou de todo jeito dissuadir aquele homem. O que ela queria mesmo era lhe falar de Jesus e orar por ele. Mas, por mais que tentasse, ele não se dava por vencido.

– Não, não. Anota aí; fala aí no programa. Quem sabe, de repente alguém que está ouvindo vai alugar a minha casa.

– Está bem, disse a Nazareth, e anotou o nome dele, endereço e telefone.

Terminado o seu trabalho, foi para casa com aquele caso na mente. Por que aquela pessoa falou exatamente com ela sobre a casa disponível para alugar? E por que disse que só alugaria para crente? Será? Será que era a casa? *Jesus, será que o Senhor está respondendo a minha oração?*

Estava um pouco agitada com o acontecimento; precisava falar do assunto com alguém. Portanto, chegando em casa e encontrando o pastor Orlando e a esposa, irmã Jerry, falou com eles do que havia acontecido enquanto atendia às chamadas telefônicas do "Clube 700". A irmã Jerry, sempre disposta a resolver as coisas rapidamente, reagiu logo:

– Por que não vamos ver essa casa?

– Para quê? Não temos o dinheiro para pagar esse aluguel, retrucou a Nazareth.

– Ah! Vamos vê-la; não custa nada.

E saíram para ir ver a casa. Gostaram da propriedade. Na verdade, ao entrar na casa, o coração da Nazareth começou a bater mais forte. Parecia mesmo a casa dos seus sonhos. A Casa de Recuperação tão esperada. Mas quanto era o aluguel? Trezentos e cinqüenta dólares. Quanto era isso em bolivianos! (O dinheiro do país). Um montão. Três mil e quinhentos bolivianos? Sete mil bolivianos? Quem se lembra quanto valia o dólar naquele tempo? Por isso, a Nazareth falou, um pouco desanimada:

– E onde eu vou tirar trezentos e cinqüenta dólares?

O pastor Orlando, mais calado, refletindo sobre tudo o que estava acontecendo, se adiantou um pouco, e disse:

– Olhem, eu tenho uma promessa de alguém dos Estados Unidos que se comprometeu a me enviar trezentos e cinqüenta dólares mensalmente, durante três anos. Eu creio que ele vai cumprir a promessa. Por isso, faço um desafio a você, Nazareth. Eu repasso essa oferta para pagar o aluguel desta casa, e você se responsabiliza por todas as outras despesas.

As outras despesas eram água, luz, telefone, comida, sustento de obreiros. Tudo. Naqueles dias era uma decisão difícil de tomar. Humanamente falando, não era possível. Onde iria conseguir tanto recurso? Mas a Nazareth estava tão animada com a possibilidade de ter a sua Casa de Recuperação, que não pensou duas vezes.

– Eu aceito, disse ela.

Foi assim que ela aceitou o desafio. Desafio para a sua fé. Teria de mover céus e terra com as suas orações. Teria de conseguir muitos companheiros de oração para ajudá-la a motivar as pessoas, para que os recursos chegassem. Mesmo sabendo que teria de lutar, estava disposta a entrar em mais essa batalha. Afinal de contas, não era a primeira. Jesus já havia lhe capacitado para vencer outras batalhas; certamente Ele não lhe faltaria agora.

A sorte estava lançada. O contrato de aluguel foi feito rapidamente, porque não havia tempo a perder. Já que precisava começar, que fosse imediatamente. *E as camas?* Bem, não havia dinheiro para comprar. *Ah! Quem sabe o pastor Orlando não me empresta algumas do seminário?* E ele lhe emprestou mesmo. Vieram cinco camas do seminário. Ele também providenciou o fogão. As panelas, pratos, talheres, xícaras e tudo o mais foi chegando. Graças a Deus! As pessoas estavam prontas para cooperar, até mais rápido do que se poderia imaginar! Era o

Senhor respondendo a oração.

Finalmente, no dia 12 de junho de 1994, dez dias antes do prazo que a Nazareth dera para Jesus, que seria no dia 22 daquele mês, a casa estava pronta para ser inaugurada. O Senhor quis mostrar que Ele pode fazer melhor que a encomenda. Ele *é capaz de fazer infinitamente mais do que tudo o que pedimos ou pensamos, de acordo com o seu poder que atua em nós* (Efésios 3.20).

Estava nascendo o PRADOS, uma instituição que tem como objetivo recuperar homens com dependência química. Muitos seriam tratados nessa instituição, que haveria de crescer e se expandir nos próximos anos. Naquele dia do nascimento, dois jovens foram internados. Um começo pequeno, como nascem os bebês. É natural nascer pequeno. É saudável. O crescimento e o desenvolvimento vêm com o tempo.

Nem de longe imaginamos que aquele bebê havia sido formado em vinte dias, pois a formação de bebês demora muito mais! Desde o dia da fecundação, até o dia do nascimento, são necessários nove meses – duzentos e setenta dias – para que o novo ser seja formado no útero da mãe. Inicialmente é apenas um óvulo fecundado por um espermatozóide, invisível ao olho humano. Começa o período da gestação, que dura os nove meses. Não são todos os óvulos fecundados que se desenvolvem, crescem, e chegam até ao dia de nascer. Afinal, pelas razões mais diversas, pode haver uma interrupção na gestação, e acontecer um aborto. Pode ser no primeiro, no segundo, no terceiro mês, ou nos meses seguintes. O feto pode morrer no útero até mesmo no final da gravidez, e acontecer o aborto. Mas, na maioria das vezes, os óvulos fecundados vão até o final e, no nono mês, nasce o bebê tão esperado e tão festejado.

Como é linda essa analogia dos projetos semeados em nosso espírito! Ficamos "grávidos" de um sonho, de uma visão, de um projeto. Inicia-se a fase da gestação. Há mil tropeços à frente, e só um milagre fará com que sejam vencidas todas as dificuldades e barreiras, e o sonho se torne realidade. Quanto maior a visão, maior empenho terá de ser feito para que o projeto venha a acontecer. Quantos sonhos são abortados na semana seguinte, e outros dentro de alguns meses! Alguns, mais persistentes, são capazes de continuar sonhando e trabalhando para que o seu sonho venha a ser realizado. Na verdade, algumas visões demoram anos para se concretizar.

O Vale da Bênção foi "fecundado" em meu coração em 1975. Durante sete anos continuei sonhando, orando e, em algumas ocasiões, trabalhando para que viesse a se realizar. Foi um tempo de crescimento espiritual para mim. Nesse período, Deus me levou a depender exclusivamente d´Ele para o sustento da minha família. Um ano depois que fiquei "grávido" do Vale da Bênção, me encontrei em uma situação em que não recebia salário. Naqueles seis anos passei por constantes apertos financeiros. Hoje, ao olhar para trás, não entendo como consegui sustentar a minha família naquele período. Cada mês eu tinha de esperar no Senhor para pagar o aluguel, comprar comida, pagar a luz, a água, e todas as outras contas. Com tudo isso, porém, nunca ficamos devendo. Tivemos de adotar um estilo de vida muito simples, pois só dispúnhamos do estritamente necessário para sobreviver. Aquele foi um período de aprendizado. E, além disso, no segundo ano em que eu estava vivendo sem salário, Deus me convenceu a "semear" 20% do que recebia de ofertas. Fui dizimista desde a minha adolescência; contudo, agora o Senhor queria me ensinar a semear o dobro: 20%. Menos de dois anos depois, Ele me levou a semear 30%. E não parou aí. Ele estava me ensinando a exercitar fé. Às vezes eu chegava muito perto do meu limite de resistência e, então, Ele me socorria. As lições, entretanto, recomeçavam no dia seguinte. O Vale da Bênção só nasceu em 1982, sete anos depois de o Senhor ter semeado o sonho no meu espírito.

Aquela oração da Nazareth, desafiando o Senhor, e dizendo que Lhe dava um mês de prazo para que Ele providenciasse a Casa de Recuperação, ou ela não ficaria mais em Sucre, só pode ser entendida como o grito provocado pelas dores do parto que estava chegando. Era o fim de uma gestação de dez anos. Uma gestação longa, é verdade, mas, certamente, há experiências de gestações ainda mais longas. No mundo espiritual não há um prazo para o período da gestação dos sonhos, das visões, dos projetos. A promessa que Deus fez a Abraão de um filho, o qual seria o continuador da visão que Deus semeou no coração dele, de constituir uma nação através da qual todas as nações da terra seriam abençoadas, demorou vinte e cinco anos para se tornar realidade. Deus semeou a visão no coração dele quando ele tinha setenta e cinco anos de idade, e o filho só veio a nascer quando ele tinha cem anos.

E o que estava acontecendo com a Nazareth naqueles dez anos? Estava parada? Estava esperando o filho nascer para aí então servir a Deus? Não. Ela estava trabalhando duro todo aquele tempo. E Deus também estava trabalhando duro com ela. Ele estava preparando o instrumento, para que quando chegasse o tempo de abrir o PRADOS, ela tivesse condições de liderar essa obra. Ela precisaria também de uma fé maior para construir, para mobilizar, para alimentar muito mais gente, para conseguir obreiros, e para fazer tudo o que precisaria fazer para que o PRADOS se tornasse uma grande bênção.

Alguns sonhos fracassam porque o nascimento é forçado. Com o nascimento antecipado, a mãe não tem leite para alimentar o filho. Às vezes as pessoas não ficam tempo suficiente na escola de Deus. Elas se apressam. Daí não se pode dizer que foi Deus que matou o recém nascido. É que não existiam as condições necessárias para que o bebê se desenvolvesse. E, então, o projeto morre. Que pena!

Se nos lembrarmos que Moisés teve de ficar na escola do Deserto durante quarenta anos, e que Jesus só recebeu o sinal verde para sair de Sua casa, em Nazaré, aos trinta anos de idade, certamente vamos começar a entender um pouco mais como estas coisas funcionam.

O PRADOS, todavia, nasceu na hora certa. A "mãe" estava preparada, e todos os seus amigos amavam o recém nascido. Não era só a mãe que cuidava dele. Tantas outras pessoas estavam juntas, cooperando para que tudo desse certo. E entre todos estes, o Senhor usou muito o pastor Orlando e sua esposa, a Jerry. Afinal, ele era o pastor da Nazareth. Era o pastor da Igreja Assembléia de Deus Central, responsável pelo Projeto. Deus preparou esse pastor e sua esposa para apoiarem a Nazareth de uma maneira tão forte que, se não fossem eles, haveriam muito mais dificuldades para dar continuidade a essa obra. E eles também ajudaram muito na construção. Naturalmente, por causa de todas as suas outras atividades, nem o pastor Orlando e nem a irmã Jerry tinham tempo para trabalhar no PRADOS. Contudo, eram colunas de tudo aquilo que estava sendo feito, pelo que só podemos louvar muito a Deus por esses preciosos irmãos.

Nos primeiros meses daquela obra, aconteceu um milagre que serviu para marcar o grau de espiritualidade que deveria ter aquela instituição. De repente o Félix, um dos internos, começou a passar mal. Parecia que ia morrer. Havia, porém, entre os cinco internos, um rapaz chamado Marcos. Ele ficou muito preocupado com a situação do Félix e se pôs a orar por ele. O Félix foi piorando e veio a sofrer um desmaio. Como o Marcos era novo na fé, não sabia orar. Entretanto, como via sempre a Nazareth orar pelas pessoas, foi orar pelo Félix. *Deus faz um milagre, não deixa o Félix morrer, Senhor*. Exatamente nesse momento ele ouviu como que uma voz falando dentro dele: *Se quer mesmo que ele fique bom, vá buscar a droga que você escondeu, e a destrua.* Assustado, ele deixou o Félix no chão e foi correndo buscar a droga. Ninguém sabia que ele havia entrado na Casa com cocaína. Cheio de temor, foi buscar o entorpecente, dirigiu-se até o pátio onde havia um ralo que dava para os tubos de drenagem, e jogou tudo lá dentro. Em seguida, levantou-se e disse: *Agora eu já destruí a droga*. Com a mente e o coração ainda confusos, ele correu para o quarto onde o Félix continuava no chão, desmaiado, e orou por ele. Imediatamente o Félix foi curado. No mesmo instante o Marcos ficou completamente liberto da escravidão das drogas. Dois milagres simultâneos, que fez com que ele ficasse na Casa só um mês. Ele dizia: *Não preciso ficar mais aqui, pois estou curado*. De fato, ele saiu e nunca mais usou droga. Estava realmente curado no mais profundo do seu ser.

Aquela casa, porém, só foi usada durante um ano. Como o proprietário queria aumentar muito o aluguel, o pessoal do PRADOS alugou uma outra, maior, mas que também tinha um aluguel mais alto. Nos dois anos seguintes, o aluguel dessa casa chegou a ser de quinhentos dólares. Os trezentos e cinqüenta dólares daquele contribuinte do pastor Orlando foram uma bênção nesse período. Mas, conseguir os cento e cinqüenta dólares restantes para completar o aluguel, era sempre um grande desafio de fé.

Esse desafio que já era grande, ficou ainda muito maior no final desse período. Os três anos haviam se passado e, agora, não podiam mais contar com aquela contribuição. Era preciso orar, orar e orar para que, a cada mês, conseguissem o equivalente a quinhentos dólares. Isso só para o aluguel. Quantas outras despesas havia para sustentar aquela Casa de Recuperação! Contudo, louvado seja o Senhor, grandes livramentos foram experimentados nesse período! *O meu Jesus suprirá todas as necessidades de vocês, de acordo com as suas gloriosas riquezas em Cristo Jesus* (Filipenses 4.19).

Sufocada por essas circunstâncias adversas, a Nazareth percebia que precisava rapidamente de outro milagre. Precisava que Deus lhes suprisse uma propriedade onde pudessem construir as dependências para o PRADOS. Assim, depois de algum tempo de oração, ela resolveu ir falar com o prefeito, para solicitar um terreno. Pensou que fosse mais fácil falar com ele, mas esbarrou na entrada da prefeitura com o segurança, que não a deixou entrar. *O prefeito está muito ocupado*, disse ele. *A senhora precisa voltar outro dia.*

No outro dia ela tentou outra vez. O Segurança reagiu da mesma maneira. Mas, como a Nazareth não é de desistir, fez cinco tentativas naquelas semanas para falar com o Prefeito. Contudo, sem sucesso, pois não a deixaram entrar. Ela não sabia que Deus tinha um jeito para responder às suas orações e as de todos os seus intercessores, que vinham buscando de Deus uma resposta para a necessidade de uma propriedade para o PRADOS. Isso aconteceu no dia em que a Nazareth estava na casa da irmã Jerry e, de repente, sentiu uma forte sensação de que deveria ir ao portão que dava para a rua. Ao chegar lá, viu que naquela rua vinha um grande grupo de pessoas. Na frente do grupo estava um senhor que cumprimentava a todos. Curiosa, saiu para fora e ficou olhando o que estava acontecendo. A Maria, a pessoa que ajudava nos serviços de casa, estava limpando o jardim, e saiu também para ver o que estava acontecendo. Então, a Nazareth lhe perguntou:

– Quem é essa gente que está vindo?

– Ah! Deve ser o pessoal de algum partido político.

– E aquele senhor à frente, quem é?

– É o prefeito, o Sr. Chunka.

– Ah! Então esse é o Chunka?

– É.

Nessa altura, o Sr. Chunka estava chegando perto da Nazareth, e a cumprimentou, apertando a sua mão.

– Senhor prefeito, eu fui cinco vezes ao seu Gabinete para lhe falar e o senhor não me atendeu. Agora vem à minha porta falar comigo. O senhor precisa me atender.

– O que você queria falar comigo no meu Gabinete?

– Uma coisa muito importante, mas o segurança não me deixou entrar. Repetia sempre que o senhor estava ocupado e que não podia me atender.

– Vá amanhã ao meu escritório. Eu tenho um escritório particular.

Ele deu o endereço e a Maria, ao seu lado, não perdeu tempo:

– Eu sei onde é, missionária.

Ao que o prefeito respondeu:

– Então leve-a amanhã ao meu escritório.

– Qual horário? Perguntou a Nazareth.

– Às oito e meia da manhã.

– Está bem, amanhã cedo vou lá falar com o senhor.

Nem é preciso dizer que no resto daquele dia, naquela noite, e na manhã seguinte a Nazareth estava buscando a Deus, pedindo que o Senhor fizesse uma intervenção, de tal maneira que o assunto do terreno para o PRADOS fosse resolvido.

Quando a Nazareth e a Maria chegaram, perceberam logo que não eram as únicas. Havia uma fila de pessoas aguardando para falar com o Sr. Chunka. Oito e meia, nove e meia, e nada de serem chamadas. Então a secretária disse:

– O pneu do carro do prefeito furou e ele vai demorar.

– Vou esperar, disse a Nazareth.

E fincou pé ali. Não sairia sem falar com ele. Entretanto, passado algum tempo, veio a secretária novamente:

– O Dr. Chunka chegou muito atrasado. Ele pediu para vocês voltarem amanhã. Ele não vai poder atender vocês hoje.

– Olha, eu não vou voltar amanhã, não. Vá lá e fale com ele

que quem está aqui é a mulher do portão!

Rapidinho a secretária voltou, e disse:

– Por favor, entre.

Ah! que alívio! Estava agora frente a frente com aquele senhor que, certamente, seria usado por Deus para a liberação da propriedade tão necessária. Ela expôs resumidamente o que era PRADOS, a necessidade que tinham de um terreno para construir o prédio para o funcionamento do programa, quantos viciados precisavam ser atendidos, e que estava segura que ele iria responder sua petição. Depois de pensar um pouco, ele retrucou:

– Meu pai morreu bêbado. Não havia ninguém para fazer nada por ele. Você está socorrendo pessoas como o meu pai. Vou ajudá-la. Eu estou me candidatando para a reeleição. Se eu ganhar, vou lhe dar o terreno. Agora, se eu não ganhar, não terei como conseguir esse terreno.

– Ah! Então o senhor vai ganhar! Eu vou orar e Deus vai fazer isso. O senhor pode estar certo de que vai ganhar esta eleição.

– Eu não creio em nada.

– Mas eu creio, disse ela. Vou orar e o senhor vai ganhar.

Ela saiu toda feliz, confiante que ele ia ganhar e que, portanto, logo receberia o terreno. Entretanto, quando chegou o dia da eleição, tudo parecia dar errado. Ela ficou com o ouvido pregado no rádio para ouvir os resultados parciais da eleição, pois o seu candidato ia ganhar. Mas ele estava perdendo. Ela havia dito para muita gente que ele ia ganhar e que ia lhe dar o terreno.

– Nazareth, ele está perdendo, disse a Maria.

As outras pessoas da casa, preocupadas, e até querendo consolar a Nazareth, um tanto perplexas, diziam:

– Ele está perdendo, Nazareth.

– Não, ele não está perdendo, respondia ela.

– Mas como não? Estão dizendo no rádio que o outro candidato está na frente.

– Podem falar o que quiserem, mas ele vai ganhar a eleição.

A Nazareth teve que sair para resolver algumas coisas, tomou um táxi que estava com o rádio ligado, e foi logo perguntando ao motorista:

– Quem está ganhando?

Ele respondeu que era o concorrente do Chunka.

– E o Chunka? insistiu ela.

– Ora, ele está perdendo, é lógico!

– Não, não; ele não está perdendo. Ele está ganhando.

– Não senhora, ele está perdendo.

– Você vai ver! Ele vai ganhar.

O motorista não entendeu nada. Só podia ser uma biruta para falar daquele jeito. Era óbvio que o Chunka estava perdendo!

Depois, ela voltou para casa, e veio a Maria com a mesma história.

– Não disse, missionária? O Chunka está perdendo.

– Maria, eu já disse para você parar de falar que ele está perdendo. Eu já falei que ele está ganhando.

– Tá bom, Missionária; tá bom.

Quase na última hora, quando parecia que tudo estava perdido, na apuração das últimas urnas, não é que o Chunka começou a reverter a situação! A diferença entre ele e o seu concorrente foi diminuindo, diminuindo, ficaram empatados e, por incrível que pareça, não é que o Chunka passou na frente do outro! A diferença foi pequena, mas o candidato da Nazareth venceu!

Fico com uma enorme interrogação: Quem ganhou aquela eleição? Será que foi essa mulher acostumada com as coisas do céu? Não está escrito que *a oração de um justo é poderosa e eficaz*? (Tiago 5.16). E a oração de "uma justa"? No livro do profeta Daniel, no capítulo 2 e versos 20 e 21, está escrito o seguinte: *Louvado seja o nome de Deus para todo o sempre; a sabedoria e o poder a Ele pertencem. Ele muda as épocas e as estações; destrona reis e os estabelece.*

Gosto muito de uma placa que temos no Vale da Bênção:

TOMA A ATITUDE DA ORAÇÃO
RETÉM A FÉ
O RESTO EU FAREI

E como amo esta frase de Alfred Tennyson: *Há tremendo poder na oração; muito mais que o mundo imagina.* Sim, o candidato da Nazareth ganhou a eleição, mas a batalha continuava. Precisava continuar na brecha da intercessão, afinal, ainda não havia recebido o terreno. Tinha de esperar a posse dele e voltar ao seu gabinete para reivindicar o cumprimento da promessa. Portanto, assim que ele tomou posse, lá estava ela, certa de que seria bem-vinda ao seu gabinete. Mas que surpresa! O mesmo segurança estava lá...

– Vim falar com o senhor prefeito.

– A senhora, por favor, deixe o seu nome, seus dados, porque...

– Não! Por favor, o senhor vá lá dentro, diga para ele que a mulher do portão está aqui. Se ele não me chamar eu vou embora. Mas você vá fazer o que eu estou falando.

Felizmente o segurança entendeu a ordem que foi dada com toda a clareza e com toda convicção. Não tinha jeito de desobedecer. Meio sem saber o que fazer, ele foi. E voltou com a resposta certa:

– Senhora, por favor, entre.

Ela parabenizou o prefeito pela vitória, mostrou o quanto estava agradecida por ter sido recebida, e foi logo ao assunto:

– Senhor prefeito, eu preciso muito do terreno. Precisamos construir alguns prédios, pois há centenas de drogados esperando para serem ajudados.

– Eu vou ajudar você, disse ele. Na próxima semana algumas pessoas irão buscá-la em sua casa, e vão lhe mostrar alguns terrenos. Temos terrenos em vários lugares. Veja qual serve para o seu projeto.

– Prefeito, eu pedi um terreno mas, na verdade, preciso de dois. O senhor pode me dar dois?

– Você me pediu um, e agora quer dois?

– Eu preciso de dois. Um para o trabalho com os drogados, e outro para o programa com as crianças de rua.

– Está bem.

No dia marcado, lá estavam as pessoas para levá-la para escolher o terreno. Ou melhor, os terrenos. Pois ela ganhou os dois. Em um deles construíram uma instituição para as crianças, sob a administração do pastor Orlando e de sua esposa, a Jerry. No outro terreno foi construído o PRADOS, para a recuperação de dependentes químicos.

Ter o terreno já era um bom começo, mas com toda a certeza havia um longo caminho a percorrer até que fossem feitas as construções. E mais uma vez puderam provar que Deus age em resposta à oração daqueles que crêem e trabalham. Um exemplo disso foi a campanha das latinhas, desenvolvida naqueles dias. O alvo era envolver muita gente na arrecadação de fundos para as construções. O plano era conseguir que milhares de pessoas dessem cada uma um pouquinho. Assim, o resultado financeiro poderia ser grande.

Então, foram feitos cofres das latas de leite Ninho. Naturalmente, era preciso conseguir muitas latas. A Nazareth pediu na igreja e também fez uma solicitação pelo rádio. Conseguiram muitas, e as transformaram em cofres, que tinham de ser colocados nas mãos de muita gente para que saíssem pelas ruas pedindo que as pessoas ajudassem. Com o cofre na mão, a pessoa solicitava a ajuda de todos que encontrava.

A Nazareth conseguiu a cooperação de todas as escolas para a campanha. O Diretor Geral da Educação abraçou a idéia e autorizou a Nazareth a entrar em todas as salas de aula. Cada escola selecionou um número de alunos para ajudar na campanha. A televisão também abriu as portas. A Nazareth deu entrevista na televisão e, assim, pôde explicar o objetivo da campanha e como estava sendo feito. As rádios apoiaram e o assunto se tornou de interesse geral entre a população da cidade de Sucre.

Aconteceu mesmo o esperado: milhares de pessoas deram um boliviano cada uma e, com isso, a arrecadação alcançou números expressivos. Naturalmente alguns contribuíram com quantias maiores. Mais ainda: a campanha fez com que a cidade participasse do projeto. O melhor de tudo é que a campanha abriu portas para Nazareth pedir a doação de cimento, pedra, areia e outros materiais de construção.

Uma pedreira doou as pedras para os alicerces. Entretanto, era preciso levar as pessoas no local para amontoá-las. Posteriormente viriam os caminhões para fazer o transporte. Durante vários dias a Nazareth foi com os internos para amontoarem as pedras. Ela diz que cada um tinha que fazer o seu próprio monte, com pelo menos cinqüenta pedras. E para dar o exemplo, a missionária tinha de fazer o mesmo. Com uma ressalva, porém: como não tinha forças para levantar as pedras grandes, faria seu monte com as menores. Os alicerces das construções foram feitos com essas pedras, e até hoje eles têm as que sobraram desse esforço.

Mais recentemente ela ganhou mil sacos de cimento da Companhia de Cimento de Sucre. Ela vem retirando aos poucos o cimento, e ainda tem seiscentos sacos para retirar do depósito. Nos anos anteriores eles já haviam feito constantes doações, de maneira que nunca faltou cimento para as suas construções.

– Deus vai mandando os pedreiros, diz ela.

Sai um, chega outro. Em geral, são os próprios internos. São bons pedreiros; pessoas que trabalham com amor. São bons profissionais que um dia caíram na armadilha das drogas e, aos poucos, foram se viciando, até que tiveram a vida completamente destruída, perderam o emprego, ficaram com a situação arruinada. Muitos deles perderam a esposa e os filhos. Agora, porém, encontraram o PRADOS, essa casa onde há muito amor, muita compaixão, muito desejo de ver essas vidas recuperadas. E há também muita graça de Deus no PRADOS, e muita unção do Espírito Santo, que opera na libertação dessas pessoas.

Conheço o PRADOS; fiquei uma semana inteira conversando com a Nazareth, com os seus auxiliares, e com os internos. Pude perceber a seriedade, a dedicação, o entusiasmo desses obreiros. E pude ver como os internos são tocados pelo calor humano e pela graça de Deus que é derramada naquele lugar.

Conversei com eles. Alguns me contaram histórias fantásticas, como aquele que chegou a ter várias mulheres. Na verdade, sua auto-realização era ter muitas mulheres. Conseguia muito dinheiro com o tráfico, com o qual comprava o que queria, mas isto não durou muito. Chegou o dia em que a casa começou a desabar, e a sua vida virou um inferno, passando então por muito sofrimento. Abandono, solidão, fome, desamparo, até o dia que, quando já estava caindo no precipício, alguém o ajudou a chegar a Sucre, e a encontrar o PRADOS.

Inicialmente, diz ele, foi quase insuportável. A falta das drogas, a falta de mulheres, a falta do pecado, quase o fizeram enlouquecer. Mas ele louva a Deus pela paciência das pessoas para com ele e pela misericórdia do Todo-poderoso, que o perdoou, libertou, salvou, e curou. Hoje quem não conhece sua história dificilmente imagina ou acredita que esse homem se tornara um maluco em todos os sentidos. Está completamente transformado, sereno, sadio, honrado. Dá gosto conversar com ele. Eu queria fazer uma caminhada naquela tarde e, por isso, pedi que indicassem alguém para ir comigo. Foi ele o indicado. E foi ótimo caminhar em sua companhia ouvindo a sua história; tanto a parte triste, como a parte feliz, com Jesus.

Seria necessário escrever um outro livro para contar as histórias destes homens que foram tão terrivelmente dominados pelas drogas, e levados ao sofrimento amargo e destruidor mas que, tendo chegado ao fundo do poço, ressuscitaram para uma vida vitoriosa. Todos eles dão graças a Deus pelo PRADOS. Sentem uma profunda gratidão pela vida de cada um destes obreiros e obreiras que se gastaram para que eles encontrassem o caminho da vitória. E muito especialmente pela Mãe Nazareth, a alma do PRADOS.

Algumas dessas histórias estão no próximo capítulo.

CAPÍTULO 10

Libertação de Prisioneiros do Álcool e das Drogas

O Antônio bebia escondido da mãe. Na verdade, estava seguindo o caminho de seu pai. Vinha de uma família influente na Bolívia. Seu tio, Jayme Paz Zamora, chegou a ser presidente do país por duas vezes, completando dez anos de governo. O irmão do presidente Zamora, o pai do Antônio, era alcoólatra, e morreu com uma úlcera gástrica, que chegou a um estágio crítico, provocando uma hemorragia impossível de ser curada. O avô e o bisavô da família eram alcoólatras. E o Antônio herdou a maldição. Estava com quinze anos de idade.

Seus pais se divorciaram em 1982, quando ele tinha quatro anos. A ausência do pai, especialmente na adolescência, provocou feridas no coração daquele garoto inteligente, vivo, alegria de sua mãe, que procurava protegê-lo e ajudá-lo da melhor forma possível. Consciente da história de alcoolismo da família do marido, faria tudo o que pudesse para que o seu filho não enveredasse pelo mesmo caminho.

Aos dezesseis anos de idade o Antônio entrou para o exército e, quando saiu, já se considerava homem, sentindo-se à vontade para começar a beber perto da mãe. Naqueles dias gostava muito de cerveja, de uísque, e de outras bebidas fortes. Contudo, de alguma maneira estava tentando controlar-se para mostrar para a sua mãe que estava bem. Tão logo saiu do quartel, aconteceu a sua formatura no Colégio. Nesse dia ele bebeu tanto que ficou completamente embriagado, precisando ser carregado para casa. Tinha pouco mais de dezessete anos!

No ano seguinte, sua mãe o enviou para Cochabamba, para preparar-se para a Faculdade de Medicina. Em uma cidade maior e sem o controle da mãe, foi bebendo cada vez mais. Morava com uma boa família que, entretanto, não tinha como controlá-lo. Ele começava a sentir prazer nas noitadas, voltando para casa só no dia seguinte, quase sempre alcoolizado. E já não eram só as bebidas alcoólicas; havia começado a ingerir drogas também. Isso o deixou tão desnorteado que nem conseguiu entrar na faculdade. Mentiu para a sua mãe, conseguindo ficar mais um ano nessa vida de mentiras e falsidades. A duras penas conseguiu entrar na faculdade no final desse segundo ano.

Sua mãe, sabedora do que estava acontecendo, tomou providências para que ele fosse transferido para a Faculdade de Medicina da cidade de Sucre, onde foi morar com uma tia, irmã de sua mãe. *Quem sabe*, pensava ela, *a tia não consegue exercer uma boa influência sobre ele!* Era a esperança de uma mãe aflita. De fato, por uns dois meses houve um certo controle, mas logo voltou à vida que levava em Cochabamba. Por isso, sua mãe não podia mais enviar-lhe dinheiro diretamente. Tinha de transferir o recurso para a tia, para que ela administrasse o que era enviado. Foi pior, pois não tendo mais o dinheiro para o álcool e para as drogas, começou a furtar da tia. Ela era Senadora da República, e passava boa parte do tempo fora de casa, o que facilitava ao Antônio conseguir o dinheiro que precisava para manter o vício. Furtava também de primos e de outros, para adquirir a droga que o satisfazia por algumas horas e, logo depois, ter de conseguir mais dinheiro para adquirir mais do veneno que o estava destruindo. A ação terrível das drogas atingiu o seu corpo, a sua alma, o seu espírito! Sua moral estava acabada, ninguém mais confiava nele; não tinha amigos e a família não o suportava mais.

Sem mais ninguém, tornou-se traficante para poder sustentar o vício. Não demorou muito e foi preso. Por falta de provas que impusessem uma sentença mais severa, foi condenado como viciado iniciante, e o seu advogado conseguiu que a pena fosse cumprida no PRADOS. Era também uma tentativa de buscar um lugar onde ele fosse libertado dos seus vícios. Infelizmente não havia vagas no PRADOS, pois o programa só comportava quarenta internos e já havia sessenta. Outra vez o advogado teve de lutar para conseguir que a sentença fosse mudada para um tratamento ambulatorial. E, assim, ele tinha de ir ao PRADOS nos dias de culto e ao mesmo tempo devia tratar-se com duas psicólogas. Isso o levou a ficar três meses sem consumir drogas. Mas, na verdade, havia pouco que o pessoal do PRADOS pudesse fazer, pois o Antonio não reconhecia que era viciado, e nem queria ser tratado. Era de se esperar o que aconteceu: voltou a consumir drogas.

Nesse tempo ele estava morando com a Beby Cintia, uma linda jovem que ele tinha começado a namorar assim que chegara a Sucre, em 1998. Foi um namoro tumultuado por causa do álcool e das drogas, mas a Beby o amava e, por isso, tentava ajudá-lo de todas as maneiras. Foi ela quem conseguiu o advogado que trabalhou naquela tentativa de que ele fosse para o PRADOS.

E do relacionamento entre os dois nasceu o primeiro bebê. Por isso resolveram se casar. Talvez a Beby esperasse que se casando, e tendo a responsabilidade com um filho, quem sabe, ele mudaria de vida! Mas a tormenta aumentou para a esposa, porque o Antonio afundava mais ainda no alcoól e nas drogas, o que fez com que a polícia voltasse a vigiá-lo. Para piorar, alguns traficantes queriam matá-lo por causa de dívidas do tráfico. Ele estava chegando ao fundo do poço, e só com muito esforço a tia o convenceu a se internar no PRADOS.

Não foi fácil. A crise de abstinência é terrível. O álcool e as drogas afetam tão profundamente o organismo do viciado, que a pessoa é levada à loucura quando não os ingere. Alguns não resistem e fogem do programa. Na verdade, é preciso uma intervenção sobrenatural para que haja uma verdadeira libertação. Afinal, o vício se torna uma prisão espiritual, com as forças espirituais do mal operando no espírito do viciado, escravizando-o completamente. E o Antônio precisava dessa intervenção sobrenatural.

A graça de Deus o tocou em um dia quando uma outra obreira, a Cidinha, estava dando um estudo bíblico para os internos. Até então ele ouvia os ensinamentos, mas parecia que aquilo não tinha nada a ver com ele. Nesse dia, porém, foi diferente. À medida que a missionária ia explicando as verdades bíblicas, o Espírito Santo estava agindo no interior do Antônio. Quando ela terminou, ele estava quebrantado. Todos saíram, menos ele. A missionária, percebendo que Deus estava tratando com ele, aproximou-se e, pouco a pouco, o levou a confessar os seus pecados e a receber Jesus como seu Salvador. Seu rosto estava banhado de lágrimas, enquanto orava, ajudado por ela. Foram muitas lágrimas purificadoras e muito choro, sinalizando um arrependimento profundo. Era um momento sagrado! Ele estava confessando suas mentiras, suas falsidades, enganos, roubos, e todo sofrimento que causara à sua mãe, à sua tia, à sua esposa, e a outras pessoas. E enquanto abria o seu coração, ia recebendo um banho purificador da graça de Deus. A luz do Espírito Santo estava iluminando o seu interior, e aquelas trevas terríveis, que o escravizavam desde a infância e adolescência, estavam sendo dissipadas. A luz de Deus estava penetrando em seu interior, trazendo libertação e cura.

Fazia um mês e meio que o Antônio estava no PRADOS. Era o dia 22 de novembro de 2002. Nessa tarde ele se converteu a Jesus e, a partir daí, o Senhor Jesus assumiu o controle da sua vida. Mas ainda precisava prosseguir no processo de restauração de seu caráter. Foi sendo ajudado no dia-a-dia para crescer em santidade, temor a Deus e pureza. É isto: a pessoa se converte, é libertada, mas tem de passar por um período de santificação, pois o pecado tem raízes profundas na personalidade humana. É aos poucos que o Espírito de Deus, usando servos e servas, vai santificando o pecador. O Antônio estava prosseguindo no caminho do Senhor, e Jesus, em Sua misericórdia, o batizou com o Espírito Santo em um retiro do qual ele participou algum tempo depois. A promessa foi mais uma vez cumprida: *Recebereis poder ao descer sobre vós o Espírito Santo, e sereis minhas testemunhas* (Atos 1.8). Realmente, o Batismo com o Espírito Santo traz um vigor maravilhoso para aquele que se converte. *Recebereis poder* é a promessa do Senhor. Poder para ler a Bíblia, para orar, para cantar, para testemunhar. O Antônio precisava muito desse poder. Precisava muito ser batizado com o Espírito Santo. E o foi, o que lhe deu um novo impulso no caminhar com Deus.

Estava terminando seu tempo no PRADOS, e ele começou a orar a Deus pedindo um trabalho para que pudesse ganhar o sustento para a sua família. Não queria sair e ficar com sua mente desocupada. Por isso, ficou extremamente feliz ao ser convidado para trabalhar na secretaria da instituição. Ele aceitou com alegria o convite, e agora já faz mais de três anos que trabalha como Secretário e Tesoureiro. O respeito que tem adquirido é muito grande ao ponto de, sempre que necessário, substituir a missionária Nazareth, e outros obreiros, na administração dessa obra. Assim, esse homem que poderia ter morrido com uma overdose, ou ter sido assassinado, ou estar apodrecendo em uma prisão, tornou-se uma nova criatura, cheio de vida, alegre, feliz, abençoado. Sua família tem sido abençoada por ele. Seus amigos também. E o PRADOS, que abriu suas portas quando humanamente não havia mais esperança para ele, é recompensado com a sua presença, e com o seu trabalho.

O Yapu Condo Pánfilo é outro homem que também foi transformado pelo poder de Deus no PRADOS. Falando de como o Senhor usou a missionária Nazareth em sua vida, se refere a ela com as seguintes palavras: *Essa vida milagrosa foi capaz de transformar-me em um homem ressurreto. Na realidade, vivo minha segunda vida desde que fui reabilitado no PRADOS. Deus me libertou dos vícios e do pecado, usando essa Sua filha, a Maria Nazareth.*

O Professor Pánfilo tem formação universitária, com vários cursos na área de educação. Já ocupou vários cargos no governo da Bolívia e, em 1989, foi eleito Deputado Federal pelo Departamento de Potosí. Em 2003 foi nomeado Vice-Ministro de Educação Escolarizada e Alternativa. A partir deste ano está fazendo seu doutorado em História da América Latina, na Universidade Pablo de Olavide, Espanha. Atualmente trabalha na área da educação em sua cidade natal, Potosí. Esse homem, um cidadão de valor, respeitado por todos aqueles que o conhecem, tinha se tornado um alcoólatra que estava caminhando rápido para o fracasso total e final. Em seu desespero, em janeiro de 1998, buscou a ajuda de uma clínica psiquiátrica em Sucre. Como não havia lugar disponível nessa clínica, a pessoa que o atendeu lhe disse que havia outra clínica em Sucre. Estava se referindo ao Centro de Reabilitação PRADOS que, segundo as palavras dessa pessoa, tinha um programa diferente. Possivelmente não soubesse explicar bem como era o programa do PRADOS.

Aflito, pediu o telefone dessa organização, e ligou imediatamente. Ele diz que a voz da pessoa que o atendeu no telefone era um pouco esquisita. Não conseguia distinguir bem se era voz masculina ou feminina. Além disso, a maneira como lhe informou que não havia lugar, mas que podia vir se estivesse disposto a dormir no chão, o deixou indeciso. Havia alguma coisa que não estava entendendo bem. O que era esse centro e quem era essa pessoa com quem havia falado? Um tanto desconfiado e assustado, viajou com sua esposa decidido a entrar nesse programa de oito meses, ainda que tivesse de dormir no chão. Estava desesperadamente necessitando de ajuda. Ele diz que essa chance era como que sua última carta. Sentia-se terrivelmente frustrado, pois já havia esgotado todas as suas possibilidades de tratamento, tanto psiquiátrico, como o Programa dos Alcoólicos Anônimos, chegando mesmo a procurar ajuda com os curandeiros. Era uma luta que vinha travando desde 1990. E foram oito anos de busca infrutífera, sempre parecendo que havia conseguido, para logo depois voltar a beber, sentindo-se um perdido, fraco, desiludido, impotente. Seu moral estava baixíssimo. Portanto, era sua última tentativa; se falhasse, o que seria da sua vida? Um suicídio, ou o quê?

Logo que chegaram ao PRADOS, ele e sua esposa, a Nazareth os recebeu em seu escritório, e ele não teve dúvida de que era a mesma pessoa que o havia atendido pelo telefone. Ali no escritório ela lhes explicou que o tratamento era com estudo bíblico e oração. Não se utilizava qualquer medicamento. Além disso, a pessoa não podia sair do PRADOS durante oito meses. Que desafio! Como agüentaria oito meses longe da esposa, sem medicamentos, sem bebida, estudando a Bíblia, e participando das orações. Será que isso funcionaria? Estava um pouco cético. Como se não bastasse toda a impressão negativa que tivera inicialmente, agora recebia a explicação desse programa, que lhe parecia uma loucura. Além disso, o próprio lugar não era nada convidativo. Essa senhora lhe parecia muito dura. Não gostava do jeito que tratava as pessoas. Seu olhar profundo lhe infundia um certo medo. Será que o melhor era ir embora com a esposa? Mas também não suportava mais a escravidão do álcool. Sabia que pior do que o lugar ou o programa, seria continuar escravo da bebida. Sim, em sua mente e em seu coração rejeitava a bebida, mas o seu corpo a exigia. O álcool que havia bebido em todos aqueles anos tinha se tornado parte essencial do seu sangue. Quando ficava sem beber, entrava em pânico, e forçosamente tinha que ingerir mais álcool.

Por outro lado, ele diz que, à medida que ia conversando com a Nazareth, percebia nela uma fé muito especial. Havia como que um tom profético em suas palavras que cativava o seu coração. Então resolveu ficar e fazer o tratamento. Inicialmente foi muito difícil, mas, à medida que os meses iam passando, os estudos bíblicos foram lhe dando uma nova perspectiva de vida. A Palavra de Deus estava permeando o seu ser, curando-o, libertando-o, transformando seu caráter. Bem igual ao que está na Bíblia: *Ele enviou a sua palavra e os curou, e os livrou da morte* (Salmo 107.20).

À medida que participava das reuniões de oração, que era algo totalmente novo para ele, e que recebia a oração dos obreiros, invocando sobre ele a bênção do Céu, percebia que havia ali um poder, uma força, uma graça divina, que jamais havia experimentado. Mesmo que não lhe fosse nada fácil compreender como funcionava a oração, e que resultados poderia produzir. Nesse tempo, leu quatro ou cinco livros sobre a oração, tentando descobrir o valor dessa prática. Aos poucos foi percebendo que a oração pode afetar profundamente o ser humano.

Um homem culto, acostumado a tantas leituras, precisava de um choque maior em seu novo contato com a Palavra de Deus. Providencialmente a leitura da Bíblia o atraiu muito nesse período de tratamento, e nos oito meses do programa leu a Bíblia toda duas vezes. Nesse tempo também leu quarenta livros sobre o Cristianismo. A irmã Nazareth o guiava nessas leituras.

Aquela sua primeira impressão sobre a irmã Nazareth havia mudado completamente. Passou a vê-la como uma admirável filha de Deus. Ele diz que nunca havia conhecido uma mulher tão especial, que se dedicasse de corpo e alma aos marginalizados e abandonados pela sociedade. Viu tantos outros homens que, como ele, chegaram ao PRADOS com o caráter destruído, com condutas reprováveis, amargurados, mas que também, como ele, tinham pelo menos a esperança, ainda que débil, de serem transformados.

Esse homem que sabe o que está dizendo, e que diz as coisas de maneira clara e definida, chama a atenção para a vida de fé da missionária Nazareth. Ele fala de sua dependência total do Senhor, de sua vida de oração e de seus jejuns constantes. Comoveu-se especialmente com as palavras proféticas que profere, e que sempre se cumprem. Os milagres que viu acontecer no PRADOS nesses oito meses, ele sabia, era por causa da vida de oração e jejum dessa senhora. Via como essa missionária buscava a santidade e como mantinha uma vida completamente separada do mundo. Ele diz: *Na realidade, a vida da missionária Nazareth é uma vida em Deus e para Deus, sempre servindo aos mais abandonados da terra*.

A Nazareth me havia falado da Antonia Pomacusi de Rios, uma senhora que também teve a vida transformada pelo ministério do PRADOS. Consegui falar com essa senhora humilde, simples, bem baixinha, mas que tem um coração especial. Ela nasceu em Sucre, em 1953. É uma filha do povo quéchua. Seu esposo, também nascido em Sucre, em 1949, e também de origem quéchua, tornou-se um alcoólatra. Sua mente foi afetada seriamente, e os transtornos mentais foram piorando tanto, que a Antonia foi aconselhada a colocá-lo em um manicômio. Mas o seu amor por ele, e a esperança de que pudesse mudar de vida, e que também viesse a ser curado dos problemas mentais, levaram a esposa a suportar longos anos de aflição. Contudo, em vez de melhorar, o Júlio piorava cada vez mais, chegando a um nível insuportável para a esposa. Então, quando parecia que tudo estava perdido, um casal levou a Antonia para conhecer o PRADOS. Quando chegou ali, foi como se uma luz se acendesse em seu interior, e ela imediatamente solicitou uma vaga para ele. E para a sua alegria, o Júlio foi internado rapidamente.

Mulher acostumada ao trabalho, ela continuou tocando seus dois negócios. Um deles é a venda de saquinhos de refresco no mercado, que ocupa a área central de Sucre, com centenas de barracas que preenchem cada espaço das ruas. Nessas barracas vende-se de tudo. É aí que a Antonia vende os saquinhos de refresco. O outro negócio é um banheiro público, na propriedade do casal, no centro da cidade, onde as pessoas pagam o equivalente a vinte e cinco centavos de reais para usar. Tanto a venda de refresco como o uso do banheiro é pago, quase que invariavelmente, com uma moeda de 50 centavos de bolivianos. Ao final do dia, a comerciante tem uma grande quantidade de moedas.

O Júlio estava internado, e a Antonia começou a freqüentar as reuniões da Igreja da Fé, a igreja que se formou no PRADOS. Logo se converteu, aprendeu a buscar o Senhor, tornou-se dizimista fiel, e começou a orar pelo seu marido. Queria muito que ele fosse liberto do álcool e que sua mente fosse curada. Queria tanto essas bênçãos, que até fez um voto: se o Júlio fosse totalmente reabilitado, daria um micro-ônibus para o PRADOS. Sabia que a Nazareth, os obreiros e também os internos, vinham orando para que o Senhor lhes enviasse um micro-ônibus, necessário para várias atividades, especialmente para levar os internos para participar de cultos fora, e também participar de outras programações na cidade. Além disso, seria usado para buscar e levar as pessoas que freqüentam a igreja do PRADOS, e que não têm condução. Orando pelo Julio que estava internado, coração simples e humilde, ela realmente desejava dar o micro-ônibus. Entretanto, com toda a certeza, não tinha condições materiais para uma doação tão grande. A bênção foi que ela começou a agir e, a cada dia, separava uma parte das moedas do refresco e do uso do banheiro, e as escondia. À medida que tinha uma quantidade maior de moedas separadas para a compra do micro, trocava-as por notas, e também as escondia. Certamente o Senhor mesmo a ajudaria a cumprir seu voto.

O Júlio ficou somente três meses no PRADOS. Teve uma conversão tão radical, e aconteceu um milagre tão grande com a sua mente, que depois de três meses não havia mais porque continuar no PRADOS. Agora já faz sete anos que o casal é crente em Jesus.

E o micro-ônibus? Recentemente a Nazareth foi surpreendida pela Antonia que veio ao PRADOS, e lhe disse :

– Hermana, amanhã você não pode sair do PRADOS à tarde. Não saia.

– Mas por quê, irmã Antonia?

– Simplesmente não saia!

E, no outro dia, a Nazareth não saiu. Por volta das três horas da tarde, o porteiro veio chamá-la:

– Irmã Nazareth, a irmã Antonia a está chamando lá no portão.

– Mas por que ela não entra?

– Não sei. Ela não quer entrar. Está chamando-a lá fora.

A Nazareth foi encontrá-la e, quando chegou no portão, viu um micro-ônibus estacionado bem em frente. A irmã Antonia, com um grande sorriso repleto de felicidade, lhe disse:

– Hermanita, hoje estou trazendo o micro-ônibus prometido.

Em momentos como esse, o servo ou a serva de Deus não sabe o que fazer. Não sabe se ri ou se chora, se agradece, se grita. São momentos extraordinariamente sensíveis na vida do homem ou da mulher que depende de Deus para fazer a obra que Ele mesmo determinou que fizesse. Deus tem os seus próprios caminhos para suprir essas necessidades, em resposta à oração daquele que crê e trabalha. Neste caso, Deus estava suprindo através de um casal que trabalha muito para viver. Humanamente falando, não seriam eles os mais indicados para isso. Mas Deus sabe todas as coisas. Ele sempre tem razão. Aquele voto demorou quase oito anos para ser cumprido. Contudo, naquela tarde, para alegria de todos, ali estava o micro-ônibus.

O bonito da história desse casal é que, durante todos os anos em que ajuntavam o dinheiro, cada dia, para a compra do micro-ônibus, eles também foram usados para prover o dinheiro para o reboco das paredes do templo. Além disso, contribuíram especificamente para o piso, e ajudaram em várias outras necessidades da igreja. Do mais profundo do meu coração vem um suspiro de adoração ao Deus criador, sustentador, renovador, ao Deus que provê. E me firmo na convicção de que HÁ COISAS QUE SÓ O DEUS ETERNO SABE FAZER.

Foi assim também com o Juan Bustillo. Ele nasceu em La Paz, em 1945, e mudou-se para Sucre em 1987. Veio com bastante dinheiro mas, por causa da sua vida desregrada, acabou perdendo tudo, incluindo sua própria família. Quando estava na pobreza, sem família, desmoralizado, a amiga de sua amante o convidou para ir ver um filme. Ele aceitou, foi, e ela não apareceu. Na verdade, o cinema indicado por ela havia sido alugado por uma igreja evangélica. Ele gostou do programa, gostou da tranqüilidade do lugar, e voltou no próximo domingo. A partir daí continuou freqüentando as reuniões e acabou se convertendo. Algum tempo depois, conheceu a missionária Nazareth, e foi visitar o PRADOS que, na ocasião, funcionava naquela primeira casa alugada para o início do trabalho de reabilitação de homens. Gostou tanto que decidiu ajudar. Seria tão bom se ele tivesse muito dinheiro para investir nessa obra! Mas não tinha mais. Sabia, entretanto, que poderia ajudar de outro jeito. Naquela primeira casa o PRADOS precisava de tudo. Ele começou a falar com as pessoas que conhecia e elas começaram a fazer doações para essa obra. E ele vem fazendo isso em todos estes anos! Às vezes descobre uma possibilidade de doação, comunica à irmã Nazareth, e ela vai falar com as pessoas; então Deus abençoa, e a doação acaba acontecendo. Foi assim com o gabinete dentário, agora instalado no PRADOS. Ele foi usado para descobrir a possibilidade dessa doação e, de fato, ela se concretizou. Ah! como as instituições mantidas por ofertas e doações precisam de pessoas com essa disposição! Quem sabe, você que me lê não poderia se oferecer para ajudar dessa maneira?

É assim que o ministério PRADOS funciona. Não há verba

do governo e nem de outras instituições da Bolívia, ou de outros países. Reconhecidamente é o Senhor Deus, o Deus eterno, o Todo-poderoso, que faz a provisão da comida, do dinheiro para pagar a energia elétrica e a água, e para tudo o mais. São MILAGRES QUE SÓ O DEUS ETERNO SABE FAZER.

Capítulo 11

A Força que Opera no PRADOS

Pedi à Profª Amparo Mendoza que me falasse dos fatores que fazem com que o programa de reabilitação do PRADOS seja tão produtivo. De fato, os resultados são extraordinariamente positivos. Essa organização acaba de comemorar seu décimo segundo aniversário e, nesses anos, muitos homens foram reabilitados, voltaram ao convívio da família e tornaram-se pessoas produtivas. Boa parte deles realmente se converteu e hoje faz parte de igrejas evangélicas de Sucre e de outras cidades da Bolívia. A maioria daqueles que ainda não havia concluído seus estudos, volta a estudar. Os que haviam perdido os seus empregos retornam às suas atividades. Alguns deles voltam para o mesmo emprego, enquanto outros são aceitos em outros lugares.

O PRADOS – *Programa de Reabilitación de Alcoolicos y Drogaditos* – tornou-se também o nome do lugar. Esse conjunto, formado pelo templo, as salas de aula, os dormitórios, a cozinha, o refeitório, os escritórios e outras dependências, cercado por um muro alto e com portas bem reforçadas, está longe de ser uma prisão. Se os internos quiserem, podem escapar facilmente, ou simplesmente dizer que não querem mais ficar, e têm todo o direito de sair. Então, por que tão poucos vão embora? Por que o número dos que querem desistir é tão pequeno? Um fato bastante positivo é que o número dos que vão até o final do programa de oito meses é significativamente maior.

O que, então, segura esses homens no PRADOS? A maioria deles tem entre vinte e trinta anos. Estavam acostumados a uma vida livre, não tinham que obedecer a ninguém, estavam presos ao álcool e às drogas, praticavam sexo livremente. Enfim, viviam intensamente os prazeres da carne. Como, então, é possível ficarem sem tudo isso, obrigados a cumprirem horários rígidos, executarem tarefas, mantendo uma obediência quase cega às normas da casa, e tendo de participar de cultos, estudos bíblicos, reuniões de oração e sessões de aconselhamento? Alguns deles são casados e suas esposas os estão aguardando. É um milagre o fato desses homens permanecerem oito meses em um lugar como esse.

Foi por isso que eu pedi a ajuda da Profª Amparo para entender o que cativa homens como esses e os faz continuar, dia após dia, semana após semana, mês após mês, até que chegue o tão esperado Dia da Formatura, quando lhes é dito que agora estão reabilitados e podem enfrentar o mundo e serem vencedores.

Ela é uma jovem de cinqüenta e três anos de idade, solteira, com muito vigor e entusiasmo, parecendo ter menos de quarenta. Formou-se em 1975 como professora na *Escuela Nacional de Maestros Mariscal Sucre*, e que atualmente tem o nome de *Universidad Pedagógica Mariscal Sucre.* Em 1984 converteu-se, passando por uma profunda transformação, que fez dela uma serva e obreira do Senhor. Desde que se formou, tem sido professora de *Linguage y Literatura*.

Fazia parte da *Iglesia Cristiana* mas, em 1998, o Senhor lhe falou claramente que deveria ajudar no PRADOS, mostrando-lhe, ao mesmo tempo, que Ele tinha um propósito definido com esse programa. Ela obedeceu prontamente e, desde então, tem ajudado de muitas maneiras no desenvolvimento dessa obra. Inclusive colaborando nas campanhas para arrecadar fundos para a construção, tanto em dinheiro como em material de construção. A missionária Nazareth até a colocou à frente de duas dessas campanhas. Ela fazia contato com empresas, instituições e governo, e quando as portas se abriam, ia com a Nazareth para falar com as pessoas.

Essas campanhas trouxeram muitos recursos para a construção do PRADOS, levando a população de Sucre a contribuir liberalmente para que essa obra fosse levantada. As campanhas também contribuíram para fazer o PRADOS conhecido e amado. Muitos continuam contribuindo ao longo de todos estes anos. Uma razão forte para que continuem colaborando é porque sabem que o PRADOS realmente funciona.

Contudo, o que produz esses bons resultados? A análise que a Profª Amparo fez do programa desenvolvido pelo PRADOS me leva à conclusão de que a Nazareth e as demais pessoas que cooperam com ela têm conseguido ouvir a voz do Senhor, e têm percorrido o caminho que produz a vida de Deus nos internos.

Segundo ela, está claro que a maior parte dos alcoólatras e viciados em drogas sofre de indecisão e imaturidade, somadas a muita rebeldia. Quando uma pessoa não é aceita em sua casa e família, pode desenvolver sentimentos de auto-destruição. Junto a isso vem a indecisão e a rebeldia. Essas pessoas, em geral, têm um alto grau de sentimentos de rejeição. Elas não são bem vistas em casa, são rejeitadas na escola e, por fim, passam pela rejeição da sociedade.

O ministério PRADOS consegue trabalhar esses problemas pessoais e desenvolver a auto-estima. A filosofia por trás de todo ensino e práticas desse programa leva a uma mudança na mente do interno. Quanto mais rápido esse interno for levado a se ver como pessoa que tem valor, que pode ter êxito no que vier a fazer, que poderá vir a ser alguém respeitado, maiores serão as suas chances de permanecer no PRADOS até o final do oitavo mês da internação.

Um outro aspecto importante é que eles se sentem desafiados pelas verdades que descobrem nos estudos bíblicos. Com o entendimento da Palavra de Deus, vão reconhecendo as mentiras malignas que se fixaram em sua mente, e vão tomando conhecimento de que essas mentiras influenciaram em muito a vida deles. Assim, o estudo da Bíblia tem, para a maioria deles, um forte atrativo. Via de regra, vêm de famílias de tradição católica, onde o ensino da Bíblia não é o forte. As missas, procissões e outras atividades são cerimônias fundamentadas nas tradições, e não na Bíblia. A leitura de um ou outro texto bíblico nas missas não é suficiente para transmitir as verdades bíblicas essenciais para que o devoto creia de fato na Palavra de Deus. A mulher se apega mais à religião porque é mais sensível e sentimental, enquanto o homem, mais racional, precisa saber a razão das coisas. Quando esses homens são confrontados com as verdades da Palavra de Deus, isso atrai a atenção de uma boa parte deles, especialmente se aquelas verdades satisfazem o seu raciocínio. Essas verdades, em geral, contém desafios para o ser humano e estes homens, que ao mesmo tempo estão sendo trabalhados em outras áreas do seu caráter, têm a sua vontade despertada para aceitar o desafio e se esforçarem para se comportar segundo as verdades que absorveram. Passam a querer mostrar que conseguem fazer conforme lhes é requerido; a desejar que outros percebam que eles podem mudar de vida.

Geralmente, o viciado que chega ao PRADOS vinha se sentindo fracassado há anos. Todos o consideravam um derrotado. Contudo, por intermédio do estudo bíblico ele é despertado para a possibilidade de mudar a sua situação e, em vez de continuar a ser um fracassado, tornar-se um vencedor. Textos bíblicos como *tudo posso naquele que me fortalece* (Filipenses 4.13) falam dessa possibilidade de o homem ser mudado em um vencedor, em vez de continuar como um perdedor. Naturalmente lhe é mostrado, na Bíblia, que essa mudança é operada pela ação do Espírito Santo. Então, ele aprende que Jesus prometeu poder através do batismo com o Espírito Santo. Jesus diz: *Recebereis poder quando o Espírito Santo descer sobre vós* (Atos 1.8). Isso se cumpriu no dia de Pentecostes, em Jerusalém, dez dias após Jesus lhes ter feito a promessa. Mas, o apóstolo Pedro, após ter recebido o cumprimento dessa promessa de Jesus, juntamente com outras cento e vinte pessoas, disse inspirado pelo mesmo Espírito Santo: *A promessa é para vocês, para os seus filhos e para todos os que estão longe* (Atos 2.9). Ora, então ele, esse homem vencido pelo álcool, pelas drogas, pelo sexo libertino, e por tantas outras forças do mal, pode receber poder se o Espírito Santo descer sobre ele. A pergunta mais provável daquele que já entendeu essa verdade, e quer receber poder para vencer tudo o que tem destruído sua vida, deve ser o que ele precisa fazer para que o Espírito Santo desça sobre ele. Afinal, o que ele quer é ser um vencedor.

Bem, ele receberá um estudo bíblico sobre o Batismo com o Espírito Santo. Será instruído sobre o Espírito Santo e sobre o que tem de fazer para que o Espírito Santo desça sobre ele e lhe transmita esse poder do qual as Escrituras Sagradas tanto falam. E não só isso; também será estimulado a começar a buscar esse batismo. Naturalmente, haverá reuniões de oração para que os que ainda não receberam esse batismo tenham a oportunidade de buscá-lo e venham a recebê-lo. Quando isso de fato acontece com essa pessoa, vem sobre ela uma descarga de energia espiritual tão forte que ele realmente começa a agir como vencedor.

Isso é apenas um exemplo da verdade bíblica que lhe é apresentada como desafio. Certamente receberá estudos bíblicos sobre o novo nascimento, regeneração, conversão, santificação e tantos outros. Paralelamente a isso, trabalha-se temas especiais. O curso Projeto de Vida procura ensinar o comportamento sadio nas relações do ser humano com os seus amigos, no namoro, no casamento, na família, no trabalho, no lazer. Há ainda outros temas especiais, tais como a Auto-Estima, a Sexualidade, e a Comunicação Efetiva.

Quase todos os internos já tiveram a experiência de serem maltratados. Alguns deles viveram nas ruas, completamente soltos, sem família, professores, chefes, ou qualquer pessoa que pudesse exigir deles um comportamento saudável. Agora estão vivendo o outro lado da vida. Precisam parar, ficar “presos” por um tempo, para serem tratados. Muitos deles, no princípio, reagem fortemente, chegando a dizer: *Isto aqui é uma cadeia*. Todavia, com paciência e oração, é possível ajudá-los a agüentar um pouco mais, enquanto a Palavra de Deus e a Sua presença vai influenciando a mente e as emoções deles.

O alcoólico ou o drogado, de modo geral, é quase sempre uma pessoa libertina com relação ao sexo, à bebida e aos prazeres. E como essa pessoa, que tem vivido um alto grau de libertinagem, consegue permanecer no PRADOS? Parte da resposta é que ela descobre que o estilo de vida que levava era centralizado nos deleites e prazeres, mas que isso a levou à autodestruição. Alguns chegam a se cansar desse tipo de vida, e concluem que isso não é maneira de viver. Começam a sentir repugnância pelas coisas que estão fazendo e o desejo de serem libertos vai aumentando cada vez mais.

Outros até mesmo perderam o relacionamento com os seus pais por causa da vida que levavam. Ficaram sem seus irmãos, seus tios, seus avós, enfim, todas as pessoas do seu relacionamento mais íntimo. E ainda outros perderam a esposa e os filhos. Assim, se cansam desse comportamento animal que não leva a nada, e que só produz destruição. Essa desilusão e essa frustração por só terem perdido com a vida que levavam e, ao mesmo tempo, a descoberta da possibilidade de uma nova vida em Jesus, pode fazer com que esses homens tomem a decisão de buscar uma mudança radical. Tal atitude seria quase impossível dois ou três meses antes. Também não aconteceria com a ajuda de medicamentos ou outros tratamentos. Realmente é apenas a Bíblia e a oração que fazem a diferença.

A Profª Amparo abriu seu coração e me disse que, antes de entender essas coisas, desprezava os bêbados de todo o seu coração. Ela os via como pessoas fracas, sem vontade própria, e incapazes de fazer qualquer coisa boa. Porém, no convívio com esses homens no PRADOS, foi descobrindo que eram vidas que poderiam ser levantadas, e poderiam se tornar bênção para suas famílias, para os seus amigos e para a sociedade.

O pastor Walter Cejas, um argentino com trinta e quatro anos de idade, trabalha no PRADOS desde 2004. Ele veio estudar na Bolívia, casou-se com a Camila, e eles têm a Kathery, com dois anos. Quando ainda estava na Argentina ele fez um curso de administração. Sua função no PRADOS é administrar os procedimentos de internação e fazer sessões de aconselhamento individual com os internos, ao mesmo tempo que é pastor dos jovens da igreja do PRADOS. Ele fala do estado em que se encontra uma boa parte dos homens que buscam a internação. Segundo ele, trata-se de pessoas que estão magras, sujas, sozinhas, sem dentes, com cicatrizes, tristes, realmente numa situação deplorável. Aos poucos, entretanto, ele diz que é possível ver as mudanças que vão surgindo na aparência deles. Agora estão fortes, limpos, dentes consertados, expressão de alegria no rosto. Mas, sobretudo, na convivência com eles, nota claramente como vai se processando uma mudança radical no interior de cada um.

É claro que sabemos que nem tudo são flores no PRADOS. Há tristezas também. Há frustrações. Há aqueles que fogem, e outros que procuram a administração porque querem desistir. Há também os que, depois de terem sido libertos e de viverem bem por algum tempo, voltam ao vício. Há ainda aqueles que vêm para o PRADOS por imposição da família. São obrigados a vir. Normalmente esses dão mais trabalho; não são receptivos. Quantas outras lutas e dificuldades no dia-a-dia de uma obra como esta! Porém, perguntem à missionária Nazareth se quer desistir. Perguntem ao Antonio, ao Walter, à Lourdes, à Maria, ou aos demais obreiros, se querem deixar de fazer esta obra. Responderão que não. Todos esses homens e mulheres de Deus estão mais do que convictos de que este trabalho vale a pena. Há centenas de homens reabilitados, que estão firmes, vivendo uma nova vida para a glória de Deus.

Desde que chegaram no PRADOS, foram desafiados a exercitar sua vontade por si mesmos. Tinham sido manipulados, chantagiados e, às vezes, até abusados pelo próprio pai, por um irmão, um tio, avô, ou até mesmo por pessoas que queriam dominá-los. As pessoas que fizeram essas coisas tiveram alguma facilidade em praticar esses males por causa do caráter débil desse menino, ou adolescente, ou jovem. Agora, no PRADOS, se dão conta de que podem fortalecer seu caráter e têm força suficiente para dizer não a muitas coisas que antes facilmente aceitavam.

Os alcoólicos são discriminados pela sociedade; a mesma sociedade que abusou da sua debilidade e os levou a beber. Na Bolívia a embriaguez é uma praga que afunda e destrói famílias inteiras, em todas as classes sociais. Os bares têm se espalhado por todos os cantos. Nos feriados, com certeza muitas pessoas alcoolizadas serão vistas nas ruas, e são muitos os casos de gente atropelada por motoristas embriagados. Por isso o ministério PRADOS veio em boa hora, e tem feito um trabalho magnífico em todos estes anos. Tomara que surjam muitos outros PRADOS na Bolívia!

Á medida que os internos vão fazendo o curso de Projeto de Vida, vão compreendendo que estão sendo transformados. Já não aceitam mais viver como se fossem irracionais. Têm consciência de que são pessoas. Assimilam o fato de que a vida não é só vegetar – nascer, crescer, reproduzir, morrer; é mais do que isso. Entendem que a pessoa tem de cumprir sua missão aqui na terra. Sobretudo, entendem que o plano de Deus para o ser humano é que ele não viva por sentimentos, mas por decisões. Exercer sua vontade para a sua própria edificação é agora a sua opção e prioridade.

Capítulo 12

Homens e Mulheres Abençoados Pela Pregação da Palavra e Pela Oração

Eu já havia ouvido várias vezes do milagre ocorrido com a irmã Alícia Matienzo, moradora de Sucre. Certa manhã fomos à casa de sua filha Sílvia, casada com o Eduardo Domingos, com quem a irmã Alícia vive. E foi assim que eu a conheci. Trata-se de uma mulher de baixa estatura, com noventa e um anos de idade, completamente lúcida, muito inteligente e dinâmica. Além da Sílvia, ela tem mais duas filhas: A Lili e a Glória.

Chegando ali, pedi a ela que me contasse um pouco de sua vida, e ela o fez de uma maneira muito simpática. Havia sido muito católica e chegou a possuir muitas imagens em casa, disse ela. Rezava o rosário, as novenas, enfim, era realmente alguém que se podia dizer ser uma católica devota. Entretanto, teve a infelicidade de ser abandonada pelo marido, o senhor Juan Heredia, quando ela tinha apenas quarenta e sete anos de idade. Foi uma tragédia, comentou a irmã Alícia. Foi tomada por um ódio terrível contra a esposa do seu ex-marido. Se a encontrava, a insultava com toda a ira. Chegou a ponto de quase ficar louca. Nem mesmo queria sair na rua, pois se considerava uma velha abandonada.

Infelizmente o divórcio entrou na família. Algum tempo depois a Gloria, sua filha, se divorciou. Mais tarde uma neta, filha da Gloria, teve o mesmo destino. Parece que nesses casos pode entrar uma maldição hereditária, que vai passando de pai para filho, até que esse poder maligno seja quebrado.

A Sílvia, sua outra filha, se casou com um médico que veio a falecer no Brasil, em 1986, quando estava fazendo um curso de especialização. Era uma pessoa excelente, mas tinha facilidade para envolver-se com mulheres. A Sílvia, infelizmente, já enfrentava o problema dos adultérios do marido quando ele se foi. Quando ele chegou ao Brasil,envolveu-se com uma jovem muito nova, despertando a ira do pai dela, que pagou um pistoleiro para matá-lo. A Sílvia ficou viúva aos trinta anos, com três filhas.

Seu pai, esposo da irmã Alícia, que a deixou para casar-se com outra mulher, era um homem rico. Veio de uma família rica e, por isso, tinha muitas propriedades. Com o envolvimento com a outra mulher, entretanto, começaram seus problemas financeiros. Alguns anos depois veio a falecer, muito pobre.

A Gloria, a irmã mais velha, havia se convertido, e fazia parte da Iglesia Cristiana, desde o tempo em que o pastor Hélio, um missionário brasileiro que faleceu em Sucre, pastoreava essa igreja. Era nessa igreja que a Maura, a Joana e a Nazareth trabalhavam. E foi nesse período que a Nazareth estava tentando aproximar-se da irmã Alícia e da Sílvia. Como nessa época a irmã Alícia ainda não era crente, não queria saber dos evangélicos, e a Sílvia estava ocupada demais com os seus trabalhos, e envolvida demais com os eventos da sociedade de Sucre, para dar atenção à pregação do Evangelho.

Um dia a Nazareth foi à casa da irmã Alícia, junto com a Rosa Perez, uma das suas companheiras de oração e de evangelização. Mas, assim que a dona da casa percebeu que eram evangélicas, foi muito clara e direta com elas:

– Por favor, não falem de religião comigo. Sou católica e não quero ouvir sobre religião. Meus pais morreram católicos, e eu também tenho de ser católica.

E, assim, as fez conversar sobre outro assunto. Terminada a visita elas se foram. No outro dia, porém, voltaram no mesmo horário, e receberam a mesma reação:

– Vocês não entenderam? Sou católica. Não me falem de religião.

E no terceiro dia retornaram no mesmo horário e a dona da casa novamente as tratou muito mal. Mas, depois que elas se foram, ela começou a sentir remorso por ter tratado mal as visitantes. Gostaria de poder corrigir o erro. Enquanto isso, dúvidas começavam a surgir em sua mente sobre se estava mesmo no caminho que conduz para a vida eterna. Em meio àquelas dúvidas e com tanto remorso, afligida com pensamentos desencontrados, pediu um milagre a Deus para os seus olhos, pois sua capacidade de enxergar havia diminuído muito nos últimos anos, e agora nem com os óculos conseguia ler. *Senhor*, ela orou, *preciso de um milagre. Quero voltar a enxergar bem. Se o Senhor fizer um milagre vou saber que preciso dar ouvidos a estas duas mulheres que insistem em falar comigo sobre a Bíblia e sobre Jesus*. Ela estava tão aflita naquela noite, tão triste, que foi dormir chorando.

Acordou pensando em tudo o que havia acontecido. Não imaginava que nesse quarto dia as duas estariam de volta. E na mesma hora. Aquela seria a quarta visita. Como podiam ser tão insistentes? A mesma conversa, só com uma diferença: a Nazareth lhe disse que tinham vindo para ler a Palavra de Deus com ela.

– Mas eu não posso ler, disse Alícia. Eu não enxergo.

– Então vamos orar, o Senhor Jesus vai curá-la, e você vai voltar a ler.

Será? Pensou a anciã. *Seria o milagre que havia pedido a Deus?* E as duas não esperaram nem mais meio minuto. Oraram, pedindo ao Senhor que a curasse. Impuseram as mãos sobre ela, pois está escrito: *Imporás as mãos sobre os enfermos e os curarás* (Marcos 16.18). Aquelas batalhadoras estavam decididas a conseguir um milagre de Deus para aquela senhora de mais de setenta anos. Oraram com muita fé, e cheias de coragem queriam fazer um teste. Abriram a Bíblia e a colocaram diante dela.

– Você está vendo? Já consegue ler?

Não conseguia ler. O que via era como que listas negras. Mas, em seguida, firmou sua vista e tentou outra vez. Sua expressão foi de total regozijo:

– Estou vendo! Estou vendo! Meus olhos ... Oh! Deus!

– Então leia, disse-lhe a Nazareth.

E ela começou a ler a Bíblia para as duas visitantes, que não se continham diante do milagre que Deus fizera, e irromperam em louvor ao Senhor Jesus. Ainda que maltratadas no terceiro dia, resolveram voltar outra vez no quarto dia. Como foi bom ter insistido! Na verdade elas pressentiam que Deus estava para fazer uma obra grande naquela família. Estavam orando e jejuando para que o Espírito de Deus viesse com poder sobre aquela senhora e sobre suas filhas.

– Este é o milagre que pedi a Deus ontem. Estou vendo! Estou lendo! Graças a Deus.

Então contou-lhes a história do dia anterior, como fora invadida por aquele forte sentimento de culpa por tê-las tratado mal, e como foi dormir tão triste. Contou que tinha ido para a cama chorando, mas que antes havia orado a Deus pedindo um milagre. Havia dito a Deus que se voltasse a enxergar, saberia que Ele queria que ela ouvisse das duas visitantes o que tinham a dizer sobre a salvação eterna. Pronto, ali estava para ouvir o que tinham a dizer. Na sua alegria, lhes disse que já que Deus fizera o milagre, leria somente a Bíblia o resto da sua vida.

– Não, disse-lhe Nazareth. Peça a Deus que a ajude a ler tudo.

Não passou muito tempo e ela estava lendo outra vez os jornais, as revistas e os livros. Gostava muito de ler. Estava profundamente agradecida a Deus e àquelas duas senhoras por tão grande graça. Mais um pouco de tempo e voltou a costurar. Nunca mais precisou de óculos e agora já fazia quase vinte anos desde que tudo isso havia acontecido.

O meu coração encheu-se de júbilo ao ouvir aquela senhora simpática, inteligente, culta, contando-me esse milagre tão maravilhoso! Como é bom saber, mais uma vez, que Jesus continua a usar os missionários para fazer milagres! Sim, Marcos 16 é para hoje:

Vão pelo mundo todo e preguem o evangelho a todas as pessoas. Quem crê e for batizado será salvo, mas quem não crê será condenado. Estes sinais acompanharão os que crerem: em meu nome expulsarão demônios; falarão novas línguas, pegarão em serpentes; e, se beberem algum veneno mortal, não lhes fará mal nenhum; imporão as mãos sobre os doentes e estes ficarão curados.

Então, lhe pedi:

– A senhora poderia ler um texto da Bíblia para mim?

– Com muito prazer, pastor, disse ela.

A filha foi buscar uma Bíblia, e ela leu um texto longo, sem qualquer dificuldade; uma leitura bem feita, e o melhor... sem os óculos. No meu íntimo, eu estava orando: *Meu Deus, o Senhor é o mesmo ontem, hoje, e sempre. Os milagres não são coisas do passado. O Senhor continua liberando poder hoje como fez no tempo dos apóstolos. Obrigado Senhor por mais este milagre!*

Enquanto isso me era difícil conter o choro. Eu estava me sentindo parte desse milagre.

– Você é uma mulher feliz, perguntei-lhe.

– Sim, sou uma mulher muito feliz. Quando morrer, gostaria de me aproximar de Jesus, prostrada, com os joelhos dobrados. Eu O amo muito. Muito mesmo!

Naquele dia fiquei com uma impressão muito forte de que Sucre vem experimentando um avivamento nestas duas décadas. Tantas conversões! Tantas libertações! Quanta oração tem havido nesta cidade durante todo esse período! As igrejas evangélicas ali têm crescido tanto! Eram tão poucas e tão pequenas vinte anos atrás, fazendo com que a influência evangélica no lugar fosse muito fraca, quase imperceptível. Mas, então, Deus começou a agir poderosamente. Hoje há igrejas fortes, dinâmicas, com muitos pastores e muitos obreiros trabalhando. Graças a Deus por tudo isso.

Não se pode negar o fato de que o ministério da Nazareth, e de outros missionários, foi usado por Deus como instrumento para que esse mover do Espírito Santo viesse a acontecer. São homens e mulheres que têm dedicado a vida a Deus para servi-Lo na Bolívia.

Quando o Waldir chegou, em 1983, tudo era tão difícil! Depois veio o Hélio. Em seguida, vieram a Maura, a Joana e a

Nazareth. Eram dias de missões sacrificiais. O que a Missão Antioquia podia enviar mensalmente para eles era tão pouco e, além disso, como era difícil fazer chegar às suas mãos o pouco que tínhamos para enviar-lhes! Tudo era difícil, muito difícil, mas eles persistiram, e agora eu estava ouvindo tantas histórias do poder de Deus através de suas vidas nesse campo missionário. Oro para que esses testemunhos sirvam para despertar muitos homens e mulheres, que possam ser enviados para países que carecem do ensino da Palavra de Deus.

Lembremos que a Sílvia, uma das filhas da irmã Alicia, havia ficado viúva. Ela, uma jovem senhora bonita e dinâmica, perdera o seu marido aos trinta anos de idade. Apesar da Gloria ter se convertido, e apesar da mãe ter recebido aquele milagre tão grande e também ter se convertido, a Silvia fechou seu coração. Professora de música, tocava piano muito bem e cantava, o que fazia com que fosse requisitada sempre que havia algum evento especial. Cortejada pelos homens, que lhe enviavam flores e presenteavam suas filhas com jóias, fugia deles, ao mesmo tempo que se sentia bem com tantos galanteios. De fato, conseguiu se guardar durante todo esse período.

A Nazareth, sempre que conseguia espaço, falava com ela. Mas a Sílvia achava a Nazareth muito santa, muito exigente, muito estreita, e se esquivava. Até que sua filha mais velha, que estava completando quinze anos, ficou muito doente. Aquela era uma idade tão bonita, mas parecia que a mocinha iria morrer. Afinal, nem mesmo conseguia comer e, sem alimentação, se enfraquecia a cada dia. A mãe não sabia mais o que fazer. Já havia tentado de tudo: médicos, medicamentos, e tudo o que se podia providenciar, mas a garota ia de mal a pior. A Sílvia, em meio àquela crise e já entrando em depressão, entrou em seu quarto, ajoelhou-se, e fez uma oração que vinha do mais profundo do seu ser: *Deus, o que tenho que fazer para receber a bênção do Senhor?* Na verdade, era mais um grito do que uma oração; era um choro sentido. No íntimo ela sabia que só Deus podia ampará-la e guiar os seus passos, apesar de ela mesma conhecê-Lo tão pouco. Não era somente a enfermidade da filha que a fazia agonizar, mas tudo o que vinha sendo guardado naquele coração ferido desde a morte do seu esposo, em São

Paulo, assassinado por causa da jovem com quem se envolvera. As festas, os bailes, os galanteios, junto com todas as suas atividades, inclusive o cargo bem remunerado de secretária, era tudo apenas uma cortina de fumaça que escondia um vulcão de tristezas, decepções e lutas, prestes a explodir. Ali, naquela agonia, em desespero, pediu a uma das filhas que encontrasse uma Bíblia. Contudo, não tinha experiência com a Palavra de Deus, para ler um texto que lhe trouxesse o consolo que tanto precisava. Por isso, simplesmente abriu a Bíblia e leu onde seus olhos se fixaram. E lá estava um mandamento de Deus.

> *Não farás para ti nenhum ídolo, nenhuma imagem de qualquer coisa no céu, na terra, ou nas águas debaixo da terra. Não te prostrarás diante deles nem lhes prestarás culto, porque eu, o Senhor, o teu Deus, sou Deus zeloso, que castiga os filhos pelos pecados de seus pais até a terceira e quarta geração daqueles que me desprezam, mas trato com bondade até mil gerações aos que me amam e obedecem aos meus mandamentos* (Êxodo 20.4-6).

Que estranho! Ela não podia ver nenhum consolo nesse texto da Bíblia. Mas a sua mente começava a ser despertada para a possibilidade de estar no caminho errado. Fechou a Bíblia e saiu rápido. Foi a um padre amigo seu.

– Padre, por favor, preciso que me explique porque a nossa igreja tem ídolos, quando a Bíblia diz tão claramente que não é para fazer imagens, e muito menos prostrar-se diante delas.

Ela estava buscando o conselho da pessoa em quem havia acreditado todos aqueles anos. Ele era o seu guia espiritual. Mas como aquele religioso iria ajudar essa jovem senhora, tão necessitada da verdade de Deus revelada na Bíblia? O que ele lhe disse só serviu para aumentar ainda mais as suas dúvidas.

– Filha, disse ele, é porque na Bolívia há muitos campesinos. Eles são muito simples, sem cultura e, por isso, não conseguem entender a existência de Deus só com palavras. Temos que lhes mostrar as imagens para que compreendam.

Aquela jovem senhora precisava de alguma coisa mais profunda. Em sua oração, em seu quarto, havia pedido uma resposta de Deus: *O que preciso fazer para receber a bênção do Se-*

nhor? O que significava isso? Será que era Deus respondendo a sua oração? Se era, o que ela precisava fazer? Decidiu procurar a Nazareth e a Rosa:

– Por favor, me ensinem a orar. Preciso saber também onde na Bíblia fala de cura divina, e tantas outras coisas que preciso saber para poder servir a Deus.

As duas a conduziram pelo caminho do Senhor e, aos poucos, ela foi aquietando o seu coração. Os reveses da vida haviam feito dela uma pessoa enferma da alma, com um interior muito doente. Entretanto, o Senhor Jesus a estava curando. E a filha também recebeu a cura. A Sílvia, que agora já sabia orar, começou a buscar de Deus um esposo. E Deus atendeu sua oração, e ela se casou com o Domingo, um homem que fez o programa PRADOS, e hoje está servindo ao Senhor.

Essa família tem sido muito abençoada. O atual governador da província de Chuquisaca, da qual Sucre é a capital, é David Sanches, filho da Gloria, sobrinho da Sílvia e neto da irmã Alícia. Ele é o primeiro evangélico naquele país eleito para cargo de nível tão elevado.

A Gloria tem um profundo respeito pela Nazareth. Ela diz: *A Nazareth é um exemplo de vida para todos*. Em seu coração tem muita gratidão por tudo o que Deus fez em sua família nesses anos.

Sim, a Nazareth é um exemplo para todos. Os testemunhos que ouvi do engenheiro Luis Sottomayor, oitenta e três anos, e de sua esposa, Ginés Caballero, setenta e cinco, me comoveram. Ainda estão muito fortes, saudáveis, abençoados. Eles se converteram por intermédio do ministério da missionária Nazareth, há alguns anos. Segundo ele, como engenheiro mineiro não tinha razão para mudar-se para Sucre, onde não havia trabalho para ele.

– Fui trazido para Sucre apenas para conhecer o Senhor Jesus. A missionária Nazareth me falou do Senhor pela primeira vez, declara ele com muita gratidão. Quando ele se converteu a sua esposa já havia se convertido, e era discipulada pela irmã Nazareth. Hoje todos os seus filhos e netos são do Senhor. Um dos seus netos, o pastor Eduardo Sotomayor, é pastor em Sucre, da *Iglesia Celular Central.*

– Dou graças a Deus que enviou a Missionária para fazer Sua obra em Sucre, disse-me ele.

Conversei com a Maria Olga Cors, professora de Filosofia e Psicologia, que era atéia convicta. Para ela, o marxismo era a salvação da humanidade. Sua irmã Julieta a levou a Jesus, em 1983, um pouco antes das missionárias brasileiras chegarem a Sucre. E, então, assim que a Nazareth chegou, a Olga começou a ser abençoada através dela. Foi no seu batismo que a Gloria, filha da irmã Alícia, começou a ser tocada com o poder do Evangelho. A Olga ficou como a samaritana, que havia encontrado o tesouro precioso: Jesus de Nazareth. Ela estava cheia de regozijo, e falava com todos da sua descoberta. Havia poucos crentes em Sucre nessa época, e as igrejas evangélicas eram apenas um pequeno rebanho. A vinda da Nazareth ajudou aquele pequeno rebanho, o qual quase não tinha visibilidade.

– Era uma mulher de fé, que não somente pregava, mas também vivia as verdades do Evangelho. Se era necessário fazer um trabalho, ela era a primeira a se apresentar. Se havia oração na madrugada, ela era a primeira também. Ela foi como o motor da Iglesia de Dios em Sucre, afirma a Profª Olga.

Carlos Perez é outro com uma história comovente. Era um homem violento, cheio de orgulho, que pensava que podia tudo. Tinha sempre à mão o seu revólver. Quando se casou com a Rosa, a trancou em casa por um mês e lhe disse que se ousasse sair, ele a mataria. Por sua vez, a Rosa era uma pessoa mundana, sem Deus, infeliz. As experiências negativas e tristes do casal nos anos seguintes, quase a levaram à demência. Chegou ao ponto de preparar veneno para matar os seus filhos e depois suicidar-se, e só uma intervenção divina impediu a tragédia. Contudo, foi piorando cada vez mais, até que providencialmente conheceu a Olga, que a evangelizou, e sua vida começou a mudar. Algum tempo depois, a missionária Nazareth foi levada à casa dessa família que estava vivendo dias de verdadeiro inferno.

– Enquanto a Missionária lia a Bíblia, eu ficava fumando e jogando a fumaça nas pessoas, conta o irmão Carlos. Ele diz que só aceitou a Jesus por causa da pressão que a Nazareth fez, insistindo para ele aceitar. Entretanto, continuou fumando.

– E como você parou de fumar? Perguntei-lhe.

Ouvir do próprio Carlos o testemunho de como tudo aconteceu, me fez pensar que, na verdade, HÁ COISAS QUE SÓ O DEUS ETERNO SABE FAZER. Ele disse que um dia a Rosa foi fazer compras e trouxe uma caixa de cigarros para ele. Seu filho viu, e disse à mãe que não deveria dar cigarros ao pai, pois se ele continuasse fumando, iria para o inferno. A mãe explicou para o filho que o único jeito era orar, e começaram a orar ali mesmo. A criança orou para que aquela fosse a última vez que o pai fumasse, para que ele não fosse para o inferno. O que aconteceu em seguida foi muito interessante: o Carlos começou a esquecer-se de comprar cigarros; era muito orgulhoso para pedir aos seus amigos; e, graças a Deus não se lembrava mais de fumar! Assim, nunca mais fumou. Hoje ele e sua esposa são obreiros, e estão à frente de uma congregação em um bairro de Sucre.

Ouvi muitas histórias como essa. São COISAS QUE SÓ O DEUS ETERNO SABE FAZER.

Tem sido muito edificante ouvir esses testemunhos da boca das próprias pessoas que experimentaram tais milagres. Sintome privilegiado por isso, e oro para que você receba esse mesmo sopro divino, enquanto lê essas histórias. Peço a Deus que o Espírito Santo esteja trabalhando em você, e com você. Espero que a mão do Poderoso de Jacó o envolva de tal maneira que você também receba fé para alcançar o milagre que está precisando. Que sua vida de oração seja dinamizada, sua alma restaurada, e que você seja fortalecido no Senhor, e na força do Seu poder, para tudo o que tem de fazer.

Capítulo 13

Testemunhos do Poder de Deus

O Engenheiro Luis Sottomayor testemunha com alegria que se converteu através da pregação da Nazareth. Fumava, bebia e era muito nervoso. Porém, pouco a pouco foi sendo liberto dos vícios.

– Ela sempre vinha para orar por mim, pela minha esposa, filhos e netos, diz ele.

Ele conta que, às tardes, tinha o costume de escapar de casa para ir para o bar beber cerveja com os amigos, e, de repente, começou a sentir um mal estar no bar. Chegava, pedia a cerveja, mas não conseguia beber.

– Era alguma coisa na mente e no coração. Eu não sabia explicar o que estava acontecendo. Não conseguia beber. Até que não fui mais ao bar.

Será que duvidamos que isso era o efeito da Bíblia e das orações? Esse homem foi completamente transformado pelo poder de Deus. Hoje é tesoureiro da Assembléia de Deus Central, tornou-se membro do grupo de Gideões, e tem trabalhado de diferentes maneiras na obra do Senhor. É com muita alegria que a sua esposa Ginés testemunha que todos os seus filhos e netos são convertidos.

A irmã Jerry, esposa do pastor Orlando, ama a Nazareth de coração. Ela quase forçou a Nazareth a ir morar com eles. Enquanto a missionária estava em Portugal, a irmã Jerry fez a mudança de todos os seus pertences da residência do casal Pascoal e Primitiva para a sua casa. Ao voltar da viagem, a Nazareth ficou assustada, e não sabia o que fazer. Depois de orar, sentiu paz de Deus e foi morar com esse casal de missionários americanos, o pastor Orlando e sua esposa Jerry. Nos anos seguintes ela teve muitas razões para louvar o Senhor por ter colocado no coração da irmã Jerry levá-la para a sua casa, pois eles foram como anjos de Deus para ela. Durante dez anos os três viveram juntos. Essa amada irmã me disse:

– A Nazareth é especial. Ela tem muito amor e carinho para com todos ao seu redor. É amiga de todos, ricos e pobres. Ela deixa que o Espírito Santo controle a sua vida e se empenha ao máximo para fazer tudo o que Deus lhe diz, não importando o preço que tenha de pagar. Ela é uma mulher de oração e jejum, e nunca duvida que Deus vai cumprir Sua Palavra. Sinto que ela tem um lugar muito especial no coração de Deus. Ela ora e as coisas mudam.

Transbordando de gratidão, ela conta que um dia estava com uma crise de diabetes, e a Nazareth veio orar por ela. Enquanto ela orava, a irmã Jerry teve uma visão de Jesus. A visão era tão forte que ela sentia vontade de pedir à Nazareth que parasse um pouco a oração, porque não queria perder nada daquela presença tão preciosa de Jesus. Em meio à oração, e envolvida naquela visão tão gloriosa, Jesus falou com ternura ao seu coração, confortando-a e fortalecendo o seu ser.

Os olhos da irmã Jerry brilhavam ao me dizer:

– Os homens no PRADOS têm medo dela, pois ela é capaz de pegar a cinta e bater neles. Ela é brava, fala forte, fica nervosa, mas não há maldade nela. Não faz isso para destruir, mas sim porque está se empenhando para que eles sejam mudados. Está sempre procurando ajudar, mas corrige com energia, na hora. Não deixa passar. Ela não espera o que outras pessoas chamam de o lugar certo, a hora certa, para chamar a atenção de quem está errado. É na hora. Mas logo em seguida pode abraçar aquela pessoa e orar por ela.

O pastor Orlando, mais quieto, prefere deixar a esposa falar sobre a Nazareth. Porém, concorda com a sua esposa, e diz:

– A Nazareth tem conseguido ganhar pessoas da classe média e da classe alta, mas tem muito amor pelos mais pobres, e os ganha também para Jesus. Ganha especialmente as mulheres mas, depois, os maridos também se convertem.

Ele faz questão de se referir à lealdade da Nazareth em todos estes anos em que tem trabalhado com ele.

– Seu trabalho fez uma diferença grande na evangelização de Sucre. Dá para perceber claramente o quanto ele ama a Nazareth, e o quanto ele a respeita e aprecia o seu trabalho.

Conversei longamente com o pastor Dario Gomes, presidente da Convenção Nacional das Assembléias de Deus da Bolívia. Ele conhece a Nazareth desde 1986. Era o pastor de uma das Assembléias de Deus de Sucre naquela época, e se lembra de que a Nazareth começou a trabalhar com eles em 1987.

– Seu primeiro trabalho, diz ele, foi atender ao telefone no programa de televisão chamado Clube 700.

Naquela ocasião, o pastor notou que sua principal habilidade era fazer amizade com as pessoas com quem entrava em contato, não importando a classe social da pessoa. Demonstrava grande interesse pelas pessoas.

– As mulheres, diz o pastor Dario, se relacionam afetuosamente com a Nazareth, e elas a consideram como sua mãe.

Ele diz que o que atrai as pessoas à Nazareth é o fato de poderem manter essa amizade com ela. Ele diz também que ela tem sido usada para a cura de muitas pessoas, para a libertação de endemoniados, sendo que isso é tão forte, que tem acontecido de outros pastores enviar-lhe pessoas endemoniadas para que ela expulse os demônios. Tanto quanto conhece o ministério que representa, pensa que nenhum outro missionário brasileiro jamais trabalhou por tanto tempo e com tanta tenacidade para a Assembléia de Deus da Bolívia. Por isso, é conhecida em todas as Assembléias de Deus do país. É evidente a sua gratidão a Deus pelo ministério da irmã Nazareth. No final deste ano, na Convenção Anual, vão conferir à missionária Nazareth uma ordenação honorária.

– Ela será a primeira mulher a receber essa ordenação na Bolívia, diz ele.

Outra casa na qual a Nazareth morou, antes de ir viver com o pastor Orlando e sua esposa, foi a residência do casal Pascual Serrudo e sua esposa, Primitiva. A Primitiva foi criada em Tarabuco, lugar no qual a Nazareth trabalhou no seu segundo ano na Bolívia. Ela diz que todos os dias via a Nazareth comer batata com ovo.

– Ela não gostava muito dessa comida, diz a Primitiva, mas era o que tinha.

A Primitiva se converteu nesse tempo, quando tinha dezesseis anos de idade. Com dezenove se mudaram para Sucre, e ela se casou com o Pascual nessa cidade. Apesar de convertida, vendia folhas de coca no Mercado Central, porque não havia conseguido outro trabalho, e precisava daquele dinheiro para a casa. Num domingo, a Nazareth passou pelo mercado e a viu vendendo coca. Aproximou-se dela, e lhe perguntou porque estava vendendo aquele produto. Depois de uma conversa, aconselhou-a a deixar aquele trabalho, declarou que Deus haveria de prover um outro meio para ela ajudar financeiramente sua casa, e orou por ela, ali mesmo, na rua, no meio das folhas de coca, pedindo que o Senhor a abençoasse e a livrasse daquele comércio. A Primitiva diz que, logo em seguida, conseguiu um outro trabalho, e nunca mais se envolveu com o comércio de coca.

Mas a Primitiva teve de enfrentar um problema com o marido, naquele período em que a Nazareth morava com eles. O quarto dela era ao lado do quarto do casal, e a Nazareth acordava de madrugada para orar, e orava alto. O esposo reclamava porque não podia dormir.

– Eu gostava, diz a Primitiva, mas o meu esposo, não. Então eu falei para o meu esposo: *Nós também somos cristãos; nós também deveríamos estar orando como a Missionária. Em vez disso, estamos aqui reclamando por causa da oração dela.* A partir daquele dia a reclamação cessou, e a Nazareth continuou orando madrugada após madrugada. Ela orava duas horas por dia. Felizmente me ensinou a ter fé e a trabalhar para o Senhor, acrescenta essa irmã.

Como é a família deles hoje? Eles têm sido abençoados espiritualmente e também têm prosperado financeiramente. Reconhecem que a Nazareth foi como a Arca de Deus em sua casa. Lembra-se da Arca de Deus na casa de Obede-Edom? A Arca de Deus havia sido levada pelos filisteus, em uma guerra na qual Israel fora derrotado por causa dos seus pecados. A Arca de Deus provocou estragos no país vizinho, e eles a enviaram de volta para Israel. A Arca ficou em vários lugares nesse período e, então, no início do reinado de Davi, em Jerusalém, foi levada para a casa de Obede-Edom. A Bíblia diz o que aconteceu nessa casa: *A Arca de Deus ficou na casa dele por três meses, e o Senhor abençoou sua família e tudo o que possuía* (1 Crônicas 13.14).

Não foi diferente com o casal Pascual e Primitiva Serrudo. A filha mais velha deles, a Noemí, é dentista. A segunda filha, a Gabriela, é médica. A terceira está na Faculdade de Odontologia. E a quarta, a Miriam, que nasceu quando a Nazareth morava com eles, está no Colégio. Toda a família, pais e filhas, têm o coração muito agradecido ao Pai Celestial pela vida da Nazareth.

A Glória Heredia também se mostra particularmente agradecida pela vida da Nazareth:

– O que admira é o seu vigor. Parece que não se cansa. É um exemplo de vida para nós. Certa ocasião, no cárcere, a comida era pouca para tanta gente. Ela orou, houve o milagre da multiplicação, e todos comeram. Outra vez a minha mãe, que tinha na época setenta anos, estava mal da vista e não lia mais, nem de óculos. Ela orou pela minha mãe, que voltou a ver, e ela nunca mais precisou de óculos. Está agora com noventa e um anos, e continua lendo sem óculos.

O Prof° Pánfilo faz uma análise interessante dessa figura singular, que é a Nazareth. Ele se internou no PRADOS, alguns anos atrás, como sua última esperança de se libertar do alcoolismo. Ele diz porque a respeita e ama:

1. Pela sua fé. O sustento do ministério de PRADOS é sobrenatural. Não há nenhuma ajuda do Estado, nem depende de qualquer outra organização. Ele diz que em sua condição de

homem público, visitou muitos lugares onde sempre dependeram do Estado ou, então, recebem verbas de alguma organização. No PRADOS, entretanto, as contribuições sempre chegam como resposta de oração. Muitos contribuem.

2. Pela sua vida de oração. Escutava suas orações, em sua casa, todos os dias bem cedo.

3. Pelos seus constantes jejuns. Diz que, observando isso, conseguiu compreender o tremendo valor do jejum que vence principados e potestades. Afirma que o jejum o ajudou a alcançar suas metas.

4. As palavras proféticas que profere. Lembra-se de que ela sempre lhes ensinava que o que dizemos, se cumpre. Isso o fez lembrar do próprio Deus que disse: *haja luz, e houve luz*. É verdade, diz ele, que a palavra que sai da nossa boca é uma expressão de poder.

5. A sua coragem. Diz que percebia claramente como essa mulher precisava de coragem, cada dia, para atender, em média, quarenta homens quase que bestializados por Satanás, quase transformados em diabos. É uma serva que tem capacidade para enfrentar as ameaças do inimigo.

6. Os milagres. Sua própria vida se constitue em um milagre. *Sua vida milagrosa foi capaz de me transformar em um homem ressurreto,* declara ele.

7. Uma vida santa. Ela vive muito perto de Deus.

8. É como uma fortaleza; suas palavras sempre expressam a confiança que tem para continuar vivendo e superando dificuldades.

9. Seu ministério de libertação. Os cultos de libertação são momentos especiais para quem participa.

10. Uma vida em Deus e para Deus, enquanto serve aos mais abandonados da terra.

A conversão da irmã Alícia, que foi curada dos olhos, abriu as comportas do Céu sobre sua família, que começou a experimentar a graça de Deus de uma maneira muito forte. Houve lutas e dificuldades, é verdade, mas sempre vencendo com Jesus. Hoje há um filho dessa família no governo da Bolívia. David Sanches, neto da irmã Alícia, filho da Glória, é o governador da província de Chuquisaca, cuja capital é Sucre.

O pastor Orlando, diz:

– Deus está abrindo portas neste país para o Evangelho; são oportunidades que jamais pensaríamos que teríamos.

MILAGRES QUE SÓ O DEUS ETERNO SABE FAZER. Sim, este é o Deus dos missionários. O Deus da Igreja. O Deus todo-poderoso. A Ele, e só a Ele, toda a glória, a honra e o louvor.

Capítulo 14

Missionários Heróis da Obra de Deus

Eu me lembro da minha conversa com a Nájua Diba, anos atrás, na Inglaterra. Era o mês de dezembro, e as datas festivas do Natal e Ano Novo se aproximavam. Ela estava fora do Brasil há cinco anos, sem retornar todo esse tempo, nem mesmo para rever a sua mãe já idosa. Seu alvo era a Albânia. Por isso havia ido para a Inglaterra, onde estudou inglês e, enquanto estudava, fez duas ou três visitas à Albânia, que estava totalmente fechada. Era o único país marxista que ousara colocar em sua constituição um artigo no qual se declarava um estado ateu e, assim, ficava proibida qualquer forma de religião. Portanto, nas suas visitas, sempre em grupos vigiados, só podia levar consigo alguns folhetos escondidos.

Havia em seu coração uma visão inabalável de que tinha de ir trabalhar para Jesus na Albânia. E foi exatamente isso o que ela me disse em 1984, no meu escritório no recém-criado Vale da Bênção. Ela me procurou porque queria que a Missão Antioquia a enviasse para a Albânia. Eu lhe disse:

– Não é possível. A Albânia está totalmente fechada. Não se pode enviar missionários para lá.

– Mas pastor, Deus me chamou para a Albânia.

– Nájua, não tem jeito. Aquelas portas estão completamente fechadas.

– Mas pastor, Deus me chamou para a Albânia.

– Nájua, se nós a enviarmos, você será presa, e não vai poder fazer nada. Poderá até morrer por lá.

– Mas pastor, Deus me chamou para a Albânia.

Ela me convenceu. Eu não sabia como enviar uma jovem brasileira para um país como aquele, que havia expulsado todos os religiosos e transformado os templos em armazéns e cocheiras. Eu não sabia como Deus poderia colocar aquela jovem dentro daquele país, mas comecei a crer junto com ela. Conseguimos um curso de Inglês, na Inglaterra, onde ela estaria mais perto do seu alvo, e onde poderia se preparar para o seu ministério futuro.

Como não foi possível ir para a Albânia após o curso de Inglês, ela foi para Pristina, uma cidade da antiga Iugoslávia, em uma região desse país onde grande parte da população era de origem albanesa. Essa região era fronteiriça com a Albânia. Matriculou-se na Universidade de Prístina, para o curso de Albanês e, naqueles anos, enquanto fazia o curso, começou a evangelizar albaneses e ganhá-los para Jesus.

Quando a encontrei na Inglaterra, ela estava terminando o curso de Albanês. Eu lhe perguntei:

– O que você vai fazer, Nájua, após concluir o seu curso em Pristina?

– Estou pensando em alugar uma casa bem na fronteira entre a Iugoslávia e a Albânia, e treinar Albaneses para evangelizar o seu país.

– Você sabe que estará correndo risco, não é?

– Sei, mas parece que é a única possibilidade neste momento.

– Então, deixe-me pedir-lhe isto: antes de voltar para a Iugoslávia, aproveite que estamos em dezembro, vá até o Brasil visitar sua família.

– Pastor, eu amo muito a minha família. Minha Mãe é bem idosa. Mas durante todos esses anos eu estive em uma batalha de oração e jejum pela Albânia; não posso interrompê-la agora. Estou orando pela minha família e sei que Deus continuará cuidando deles. Vou voltar para Prístina para passar o final de ano com as nossas ovelhas, e esperar no Senhor para ver o que Deus fará para o próximo ano.

Sabe o que Deus fez? No ano seguinte a Cortina de Ferro da Albânia caiu, e a Nájua foi a primeira missionária a entrar no país. Ela estava mais do que preparada, e praticamente no dia seguinte à abertura daquele país, ela estava pisando no solo da Albânia.

Agora faz dezenove anos que ela está trabalhando nesse país. Nesse período a Missão Antioquia enviou mais dois casais para ajudar na evangelização e formação de igrejas. O Ricardo e a Márcia estão trabalhando lá desde 1998. Eles têm dois filhos, o Yan e o Yuri. O outro casal, o Anchieta e a Nelimar, com os seus filhos Matheus, Pedro e Maressa, fazem parte dessa equipe desde o ano 2000.

Esses heróis da obra de Deus dos nossos dias estão por toda a parte. Presentes nos países da América Latina, da África e da Ásia, realizam as tarefas mais difíceis. Dão tudo o que têm para se aculturarem. Têm de dominar língua diferente, comida diferente, costumes diferentes, barreiras e mais barreiras. Mas eles vão vencendo e a obra de Deus vai sendo realizada.

Rendo um tributo de respeito a esses homens e mulheres capazes de se sacrificarem para que o Nome do Senhor Jesus seja conhecido e exaltado entre as nações. Às vezes a nação é uma tribo indígena que, para ser alcançada, o missionário tem de viajar dias e dias de canoa. Ali os desafios são a falta de comunicação, dificuldades para conseguir os alimentos, as enfermidades, a não existência de casas, e tantos outros sacrifícios. Às vezes essa nação é um povo desenvolvido, rico, onde os desafios são a apatia espiritual, o desprezo, a necessidade de muitos recursos financeiros para se manter no meio desse povo. Outras vezes são as portas fechadas para a evangelização. São os países onde não se pode entrar como missionário. Têm que conseguir uma atividade através da qual possam permanecer, e fazer a obra de Deus. Esses heróis, entretanto, sempre conseguem um jeito para romper cada uma dessas barreiras, e lá estão eles no Norte da África, no Oriente Médio, e em tantos outros lugares, como professores, negociantes, e até mesmo como operários.

Quão pequeno me sinto diante da vocação missionária do Ananias Loback e sua esposa Lilia! Após quatorze anos de trabalho em Portugal, voltaram para o Brasil, e quando pensávamos que eles iriam ficar nos ajudando no Vale da Bênção, resolveram partir para a Amazônia, onde têm servido o Senhor na Tribo Parintintin, há oito anos. Ele, com sessenta e um anos de idade, e ela, com sessenta e seis.

E o que dizer da Delci, que está trabalhando há dezessete anos em Moçambique, atualmente cuidando de setecentas crianças carentes? Espero que um dia se escreva um livro sobre o amor que essa heroína da fé tem por essas crianças moçambicanas. E que a história da Casa das Formigas seja contada a milhares de crentes, despertando-nos para implantarmos casas das formigas em muitos outros lugares repletos de crianças carentes.

Quando ouço de um missionário que já está na quarta, quinta, sexta malária, em um país africano, fico perplexo. A Maria Pires vinha de Angola a cada ano. Eu sempre pensava que naquele ano ela não voltaria mais para o seu campo missionário. Ela dizia:

– Pastor, o meu coração está em Angola. Eu amo aquele povo. Não consigo mais ficar no Brasil.

Depois de ter trabalhado seis anos como missionária em Portugal, ela se deixou gastar por um período de vinte e dois anos em Angola. Ela viveu nesse país durante toda a guerra civil, a qual trouxe morte, dor e destruição aos angolanos. Quantas malárias ela sofreu?!

A Dirce está trabalhando há oito anos na China. O Laurindo e a Andréia, com as suas filhas, estão há sete anos no Senegal. A Adelaide Janoni trabalha em Moçambique desde 1985. A Márcia Constantino está no Norte da África desde 1996. O Joel e a Mazé, com os seus filhos, foram para a Espanha em 1990. O Brasilino e a Marilene, com a sua filhinha, estão na Bolívia desde 1996. A lista iria longe para citar todos os outros.

Ofereço este livro como um tributo a esses heróis brasileiros que estão em toda a parte.

Estou mencionando só os missionários enviados pela Missão Antioquia, porque são aqueles com quem tenho convivido mais de perto. Mas este tributo é extensivo a todos os missionários brasileiros, que andam sobre as marcas deixadas pelo maior missionário jamais visto, o irmão Paulo. Ele disse de si mesmo:

> *Agora, compelido pelo Espírito, estou indo para Jerusalém, sem saber o que me acontecerá ali. Só sei que, em todas as cidades, o Espírito Santo me avisa que prisões e sofrimentos me esperam. Todavia, não me importo, nem considero a minha vida de valor algum para mim mesmo, se tão-somente puder terminar a corrida e completar o ministério que o Senhor Jesus me confiou, de testemunhar do evangelho da graça de Deus* (Atos 20.22-24).

Não posso deixar de expressar gratidão a todos os missionários que vieram dos Estados Unidos, Inglaterra, Alemanha, Austrália, e de outros países, para fazer a obra de Deus no Brasil. Somos o fruto da obra missionária. O Dr.Kalley, um médico escocês, com sua esposa Sara, vieram para o Brasil em 1855. Ele era um Presbiteriano que abriu a Primeira Igreja Evangélica do Rio de Janeiro (que se tornou a Igreja Congregacional). Em 1859 chegou o jovem americano Ashbel Green Simonton, um pastor presbiteriano recém-formado em um seminário dos Estados Unidos. Aquele jovem simpático, inteligente, dinâmico, tinha, por certo, vários convites para pastorear igrejas nos Estados Unidos. Mas Deus havia incendiado o seu coração com uma visão pelo Brasil onde até então, não havia igrejas evangélicas. Foi ele quem começou a Igreja Presbiteriana no Brasil, a "mãe" das diferentes denominações presbiterianas existentes hoje em nosso país.

Quando esses homens chegaram ao Brasil, no Rio de Janeiro dava maleita até nos coqueiros! Era uma peste horrível! Contudo, eles vieram mesmo assim, e a obra de Deus foi feita. Vieram também os Metodistas, os Batistas, os Pentecostais. Quanta gente Deus enviou para o Brasil no final do século 19 e na primeira metade do século 20! Devemos muito a eles.

Temos uma grande dívida de gratidão, quando se fala em missões. Nestes últimos trinta anos temos nos esforçado para fazer o nosso melhor para quitar essa dívida, desde que se iniciou o movimento missionário brasileiro, por volta de 1970. A Nazareth é parte desse movimento de missões brasileiras. E centenas e centenas de outros brasileiros, heróis da fé dos nossos dias, fazem parte desse movimento.

A vocês, missionários, a nossa gratidão, amor e carinho por

terem respondido ao desafio de Jesus. Ele disse:

> *Vão pelo mundo todo e preguem o evangelho a todas as pessoas. Quem crer e for batizado será salvo, mas quem não crer será condenado. Estes sinais acompanharão os que crerem: em meu nome expulsarão demônios; falarão novas línguas; pegarão em serpentes; e, se beberem algum veneno mortal, não lhes fará mal nenhum; imporão as mãos sobre os doentes, e estes ficarão curados* (Marcos 16.15).

Vocês têm sido obedientes. Têm se deixado gastar para cumprir a ordem de Jesus. Por isso, em sua vida têm acontecido muito, mas muito mesmo, OS MILAGRES QUE SÓ O DEUS ETERNO SABE FAZER.

As árvores
mais fortes não são as
encontradas ao abrigo das florestas,
mas a de campo aberto, onde ventos de todos os
lados as açoitam, e curvam, e torcem, até que por fim
atingem toda sua estatura. Esta madeira é a mais procurada para o
fabrico de carrocerias e de instrumentos pesados. Portanto, quando
virmos um gigante espiritual, lembremo-nos que a estrada que
devemos palmilhar para ficar ombro a ombro com ele,
não é aquela alameda florida e ensolarada; mas, sim,
um trilho íngreme, estreito e rochoso,
onde as rajadas do inferno quase
nos derribarão, onde pedras
pontiagudas nos
rasgam a carne,
onde espinhos
nos ferem a
fronte, e onde
répteis venenosos nos
atacam de todos os lados.

Mananciais no Deserto 1, pg. 163.

ADIQUIRA TAMBÉM OUTROS LIVROS DESSE AUTOR QUE IRÃO EDIFICAR A SUA VIDA

EDITORA VALE DA BÊNÇÃO
Rua Bom Pastor s/n – Vale da Benção
Araçariguama SP – CEP 18147-000
Fone: (11)4136-1447
editoravaledabencao@valedabencao.org.br